Inhalt

Franz Severin Berger
Harald Gleissner

Chaos ade!

Selbstmanagement für Kids

Mit Bildern von Detlef Kersten

BELTZ
& Gelberg

www.beltz.de
Gulliver Taschenbuch 5510
Originalausgabe
© 2002 Beltz Verlag, Weinheim, Basel, Berlin
Programm Beltz & Gelberg, Weinheim
Alle Rechte vorbehalten
Einbandgestaltung von Max Bartholl
Einbandbild von Detlef Kersten
Gesetzt nach der neuen Rechtschreibung
Typographie & Layout von Constanze Schwind
Gesamtherstellung Druckhaus Beltz, 69494 Hemsbach
Printed in Germany
ISBN 3 407 75510 4
1 2 3 4 5 06 05 04 03 02

Wie denkst du über Manager und das so genannte Management?

Manager sind eiskalte, machtgierige Männer, die an
nichts anderes denken können als an Geld.

☐ richtig   A

☐ falsch   B

Manager sind aufgeblasene Lackaffen und Wichtigmacher,
die den ganzen Tag auf dem Golfplatz verbringen und
abends bei Partys und auf Feten herumhängen.

☐ richtig   A

☐ falsch   B

Es gibt auch Frauen im Managerberuf. Die heißen
Managerinnen.

☐ richtig   B

☐ falsch   A

Manager und Managerinnen sind allesamt super
bezahlte Firmenbosse.

☐ richtig   A

☐ falsch   B

Manager kümmern sich einen Dreck um das Wohl
anderer Menschen.

☐ richtig A

☐ falsch B

Manager und Managerinnen sind Menschen, die
gelernt haben, Probleme anzupacken und zu lösen.

☐ richtig B

☐ falsch A

Manager und Managerinnen handeln nur nach scharfer
Logik und nie nach dem Gefühl.

☐ richtig A

☐ falsch B

Manager interessiert nichts außer ihrer eigenen Karriere.
Dafür gehen sie sogar über Leichen.

☐ richtig A

☐ falsch B

Echte Manager haben keine Freunde, nur Gegner und
Konkurrenten.

☐ richtig A

☐ falsch B

Manager und Managerinnen sind Menschen wie du und ich. Sie brauchen Spaß, Kreativität, Liebe und Zuneigung, denn sie tragen viel Verantwortung.

☐ richtig   B
☐ falsch   A

Dieses ganze Management-Gerede ist Humbug. Mit einem Quäntchen Hausverstand kann das jeder.

☐ richtig   A
☐ falsch   B

AUSWERTUNG

11 bis 9 mal A

Von Management, Managern und Managerinnen hast du schon Einiges gehört, aber irgendwie sind diese Begriffe und was du damit verbindest, ein rotes Tuch für dich. Ein Grund mehr, dich damit genauer auseinander zu setzen.

8 bis 5 mal A

Du bist diesem Thema schon oft begegnet. Entweder ist dein Vater ein Manager oder es wird oft über das Thema bei euch oder bei Freunden geredet. Aber nicht alles, was du weißt, ist so, wie du es dir vorstellst. Deine Meinung solltest du deshalb noch einmal auf den Prüfstand stellen.

6 bis 8 mal B

Du weißt schon ziemlich genau, was ein Manager, eine Managerin tut oder auch nicht tut. Vielleicht ist es dein Wunsch, einmal in diesen Beruf zu gehen. Vielleicht hast du dich bereits mit den wichtigsten Management-Techniken beschäftigt? O.k., aber Wissen und Können sind trotzdem zweierlei.

9 bis 11 mal B

Wenn einmal für eine Woche ein Ersatz für einen Manager gebraucht wird, könntest du dich auf jeden Fall melden. Das Wissen dazu hast du, du brauchst jetzt nur noch das entsprechende Auftreten und die Power. Du weißt aber auch, dass es Manager gibt, die schon in jungen Jahren, weit unter 30, ganze Konzerne erfolgreich geführt haben. Die könnten für dich Vorbilder sein.

VORWORT

Begriffe wie Manager und Management sind ja wirklich allen bekannt. Und dazu gibt es viele und auch gegensätzliche Meinungen. Wie wir sie dir mit unserem ersten Fragebogen gezeigt haben.

Es ist wie beim Fußball oder anderen populären Sportarten. Jeder Fan, jeder Sportbegeisterte, der den Fernseher einschaltet oder sich eine Stadionkarte kauft, wird zum selbst ernannten Fachmann, der kritisiert, lobt, beurteilt und natürlich alles besser weiß oder gemacht hätte als der Bundestrainer. Werden die Sportler oder Sportlerinnen, die Trainer und Verantwortlichen dann interviewt, werden ihre Erfolge oder Misserfolge in Sportsendungen oder Zeitungen noch mehr zum öffentlichen Diskussionsthema.

Natürlich werden auch Manager von Firmen und Organisationen vor Kameras und Mikrofone gebeten. Allerdings meist nur dann, wenn es irgendwelche Probleme in der Wirtschaft gibt. Dic Wahl zum Manager oder zur Managerin des Jahres hingegen wird in der Öffentlichkeit weniger beachtet. Manager werden schon aus Gewohnheit und oft ohne langes Nachdenken kritisiert. Wo immer Probleme anstehen, ertönt es von allen Seiten: schlechtes Management. Gleichgültig ob diese Kritik berechtigt oder unberechtigt ist, entsteht sie durch die Erwartung, dass Manager Wunder bewirken können oder sollten. Eine ungeheuer hohe Erwartung.

Wir beide sind seit vielen Jahren Management-Trainer und Unternehmensberater. Wir haben beide jahrelang als Manager gearbeitet und kennen daher die Welt des Managements von innen und von außen. Es ist tatsächlich wie im Spitzensport, der Erfolg schmeckt süß, der Misserfolg bitter. Und wir wissen auch, dass Managerinnen und Manager keine Hexen, Magier oder Zauberer sind, sondern Menschen, die ihren Beruf hart erlernen mussten. Ein Studium gehört dazu, sehr viel praktische Erfahrung und auch ständige Weiterbildung. Mag sein, dass es Neid erweckt, wenn man Manager auf dem Golfplatz oder bei schicken Partys sieht. Aber auch das kann Teil ihrer Arbeit sein, denn dort werden nicht selten wichtige Geschäfte verhandelt und abgeschlossen. Niemand bemerkt jedoch die hohe Arbeitsbelastung im Büro und vor allem die große Verantwortung gegenüber Unternehmen, Geldgebern und Mitarbeitern.

In diesem Buch geht es uns aber nicht um die Menschen im Management, sondern um deren Arbeitstechniken, Methoden und Hilfsmittel, die nötig sind, damit sie ihren Job gut machen können. Wir meinen, dass solche Arbeitstechniken – einfach und ohne viel Fachchinesisch erklärt – auch jungen Menschen bei der Erledigung vieler Aufgaben und Anforderungen helfen können. Denn auch ein junger Mensch hat ja ein volles Tagespensum zu leisten: in der Schule, in der Freizeit, in der Familie und in der Zusammenarbeit mit anderen. Es kann uns keiner weismachen, Jugendliche hätten außer dem bisschen Schule nur Spaß. Es gilt doch Ordnung zu halten, seine Zeit richtig einzuteilen, Konflikte zu bewältigen, mit anderen zusammenzuarbeiten und vieles mehr. Auch die Organisation einer »ordentlichen« Fete oder Party erfordert – fachlich gesprochen – Projektmanagement. All diese Dinge wollen wir hier andiskutieren, aufbereiten und dann überlegen, welche der Management-Methoden dir das Leben erleichtern können. Denn schließlich sind du und deine Freunde die Manager der Zukunft. Gleichgültig, welchen Beruf ihr später einmal ergreifen werdet.

Franz Berger und Harald Gleissner

Über die Ordnung

Wie ordentlich bist du wirklich?

Meine Bude räume ich

☐ täglich   0 Punkte
☐ einmal pro Woche   2 Punkte
☐ einmal im Monat   4 Punkte
☐ nur an Ostern   8 Punkte
☐ nie auf   10 Punkte

Wenn ich eine meiner CDs spielen will, finde ich sie

☐ in wenigen Minuten   4 Punkte
☐ innerhalb einer Stunde   6 Punkte
☐ zufällig in den nächsten zwei bis drei Tagen   10 Punkte
☐ mit einem Griff   0 Punkte

Für meine Wäsche und Kleidungsstücke ist verantwortlich

☐ meine Mutter   2 Punkte
☐ die Haushälterin   4 Punkte
☐ niemand   8 Punkte
☐ unser Hund   10 Punkte
☐ ich   0 Punkte

Meine Schulsachen behandle ich

☐ wie Wegwerfartikel   10 Punkte
☐ sorgfältig   0 Punkte
☐ ordentlich   2 Punkte
☐ gar nicht   8 Punkte

Nach dem Essen

☐ erledige ich den Abwasch   2 Punkte
☐ werfe ich Teller und Besteck in
   den Mülleimer   8 Punkte
☐ lasse ich alles stehen und liegen 6 Punkte
☐ werfe ich alles (samt Tischdecke)
   aus dem Fenster   10 Punkte

Erinnerungsfotos sammle ich

☐ lose in der Schublade   6 Punkte
☐ in einem Pappkarton   4 Punkte
☐ säuberlich eingeklebt in einem
   Album   0 Punkte
☐ gar nicht   10 Punkte

Meine Schuhe putzt

☐ meine Mutter   6 Punkte
☐ mein Vater   8 Punkte

☐ mein jüngerer Bruder, wenn ich
   ihn besteche   10 Punkte
☐ der sich täglich abwechselnde
   Familiendienst   2 Punkte
☐ das mach ich selber   0 Punkte

Über mein Taschengeld
☐ führe ich genau Buch   0 Punkte
☐ weiß ich nie Bescheid, ob ich
   überhaupt noch welches habe   8 Punkte
☐ mache ich mir keine Sorgen, weil mir
   meine Mutter/mein Vater immer
   etwas vorstreckt, wenn ich lange genug
   quengle   10 Punkte

? ?

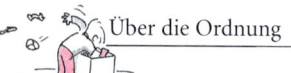

AUSWERTUNG

2 bis 20 Punkte

Ordnung ist das halbe Leben, sagt man. Bei dir könnte es sogar sein, dass du zu ordentlich bist. Du weißt Ordnung zu schätzen, hast immer alles griffbereit. Aber prüfe dich einmal selbst, ob nicht alles schon zum Selbstzweck geworden sein könnte. Denn wenn du deine Zeit nur noch damit verbringst, Listen anzufertigen, Dateien zu verwalten, CDs zu ordnen oder deine Videos in einem Ordner zu dokumentieren, kann es passieren, dass Ordnung zum ganzen Leben wird. Und das wäre schade.

21 bis 40 Punkte

So stellen sich Erwachsene einen Jugendlichen deines Alters vor. Im großen und ganzen recht ordentlich, vom Scheitel bis zur Sohle wie es immer so schön heißt. Bei dir ist alles im »grünen Bereich«.

41 bis 60 Punkte

Na ja! Bei dir, wenn du ehrlich bist, gibt es durchaus ein paar Dinge zu verbessern. Wenn du ordentlicher wärest, hätte das nur Vorteile für dich. Auch deinen Freunden könntest du öfter eine Freude damit machen. Das Geliehene käme wieder

unaufgefordert zurück oder eine Verabredung würde einge-
halten.

61 bis 80 Punkte

Ein Genie beherrscht das Chaos. Aber leider nur er oder sie
selbst. Alles was du irgendwann irgendwo hingelegt, verstaut
oder versteckt hast, ist bei dir im Kopf gespeichert – tod-
sicher. Leider bewegen sich manche Dinge wie von selbst an
einen anderen Ort. Das kann nur mit Magie zu tun haben.
An dir liegt es nicht.
Solange es dir nicht lästig ist, solange du gerne suchst und selten findest, ist alles in Ordnung. Wenn es dich aber nur *ein
bisschen* ärgern sollte, findest du im nächsten Kapitel ein paar
nützliche Tipps. Aber leg das Buch jetzt nicht weg! Es könnte
sein, du findest es so schnell nicht wieder.

mehr als 81 Punkte

Du bist so unordentlich, dass du nicht einmal acht Zahlen
untereinander schreiben könntest, um sie richtig zu addieren.
Für dich ist also der Taschenrechner erfunden worden. Und
viele andere Hilfsmittel auch, die dein Chaos zumindest verbessern könnten. Vertraue auf Veränderungen. Auch das Uni-
versum war vor 14 Milliarden Jahren nichts anderes als ein
wahnsinniges Durcheinander.

Wenn nichts am rechten Platz ist:
Unordnung, Ordnung oder was?

Als Familie Obermann braun gebrannt und nach stundenlanger Autofahrt aus dem Sommerurlaub heimkehrt, entdecken sie zu ihrem Schrecken, dass während ihrer Abwesenheit Einbrecher ihr Haus besucht haben. Auf der Suche nach Wertgegenständen haben sie die Wohnräume auf den Kopf gestellt. Während die Eltern mit Polizei und Versicherungen telefonieren, meint der Sohn trocken: »Wie gut, dass ich vor der Abreise mein Zimmer nicht aufgeräumt habe, jetzt sieht es hier überall so aus wie bei mir.«

Gehen wir einmal davon aus, dass es gar nicht so leicht ist, Begriffe wie Ordnung oder Unordnung festzumachen. Im Management würde nämlich jeder, der sich damit auseinandersetzen muss, sofort die Frage stellen: Welche Ordnung? Und wessen Unordnung? Denn es gibt viele unterschiedliche Ordnungen, und um sie näher kennenzulernen, betreten wir einmal klammheimlich die Zimmer einiger Freunde.

1. Julias Zimmer

Schon beim Eintreten gibt es Probleme. Die Tür ist nur mit Kraftanwendung zu öffnen, weil dahinter bereits die ersten Hindernisse aufgetürmt sind. Der Fußboden ist bedeckt mit alten Zeitschriften, CDs und der Jeans von gestern. Jeder weitere Schritt in den Raum erfordert für einen Besucher höchste Achtsamkeit, damit er nicht stolpert, ausrutscht oder etwas zertritt. Die Kabel der Stereoanlage bilden heimtückische Fußangeln. Julias Schreibtisch ist zugeschüttet mit Schulsachen, halbvollen Gläsern, Stiften usw. Hinsetzen kann man sich auch nirgends, ohne zuerst Stühle oder die Couch frei zu räumen. Mit dem, was auf dem Bett liegt, könnte man einen kleinen Flohmarkt bestücken. Aus einer offenen Schranktüre quillt es bunt und auf den Bücherregalen herrscht eine wilde Mischung von allerlei Krimskrams und persönlich Wertvollem.

Julia gilt damit als die »klassische Unordentliche« und die Eltern haben ihre liebe Mühe damit.

2. Olivers Zimmer

Sein Zimmer sieht genauso aus. Alles liegt kreuz und quer und wie Kraut und Rüben durcheinander.

Trotzdem gibt es einen entscheidenden Unterschied. Während Julia immer viel Zeit braucht, bis sie etwas findet, hat Oliver seinen Kuddelmuddel fest im Griff. Er weiß von jedem Stück seines Durcheinanders genau, wo es sich befindet. Und greift, ohne suchen zu müssen, gezielt zu.

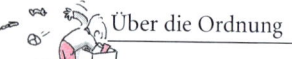

Oliver wird zu Recht jedem Kritiker entgegenhalten, dass es für ihn keinen Grund zu einer anderen Ordnung gibt. Da er jederzeit alles findet, kann man ihn als »ordentlichen Chaoten« bezeichnen.

3. Roberts Zimmer

Bei Robert ist alles in Schubladen, im Schrank und auf den Regalen verstaut. Nichts liegt am Boden, alles wirkt auf den ersten Blick aufgeräumt. Aber trotzdem braucht Robert lange, um etwas zu finden, da er die Dinge nur einfach wegräumt, aber sich nicht merkt wohin. Die Eltern sind zufrieden. Aber er hat mit seiner »Ordentlichkeit« immer wieder Probleme. Als Oliver ihn besuchte und über das scheinbar aufgeräumte Zimmer nur staunen konnte, kam er anschließend aus dem Lachen nicht mehr heraus. Denn als er Robert bat, ihm eine bestimmte CD und zwei Taschenbücher zu borgen, war dieser eine halbe Stunde lang mit Suchen beschäftigt. Oliver brachte die Sache auf den Punkt: »Wozu räumst du dein Zimmer auf, wenn du dann doch nichts findest?«

Im Vergleich zu seinen vorgenannten Freunden tut Robert nichts anderes als »sichtbare Unordnung« in »unsichtbare Unordnung« zu verwandeln.

4. Miriams Zimmer

Bei Miriam sieht es genauso aus wie bei Robert. Alles ist aufgeräumt. Ebenfalls ohne jedes erkennbare System. Nur: Miriam weiß genau, wo in den Schubladen und auf den Borden sich ihre Sachen befinden. Sie hat ihre versteckte Unordnung im Griff und weiß in der Sekunde, dass der Atlas zur Zeit im Schrank unter den Söckchen liegt und ihr Lieblings-T-Shirt bei den Matheheften in der dritten Schublade von oben. Miriam hat ihre »versteckte Unordnung« voll im Griff. Damit ist sie schon einen wesentlichen Schritt weiter als Robert.

5. Susannes Zimmer

Susannes Zimmer sieht aus wie das von Robert und Miriam. Aufgeräumt und ordentlich.Und wie Miriam findet Susanne ihre Sachen schnell und problemlos.

Der Unterschied aber ist ein entscheidender Qualitätssprung. Denn Susanne hat gelernt, dass Ordnung ein System braucht, nach dem nicht nur sie, sondern auch andere sich zurecht finden können, wenn es Not tut.

So holte sich Oliver in Susannes Abwesenheit das ihm versprochene Computerspiel ab. Susannes Mutter konnte es ihm ohne Schwierigkeiten aushändigen, da es für sie ganz einfach war, es in Susannes Ordnung – einer CD-Box unter S wie Spiele – zu finden.

Übrigens hat Susanne Julia denselben Wunsch glatt abgeschlagen. Denn Julia hätte das Ausgeborgte in ihrer Unordnung nie wieder gefunden. Bei Oliver war Susanne sich dagegen sicher, dass er ihre CD trotz seiner sichtbaren Unordnung jederzeit wieder finden und zurückgeben kann.

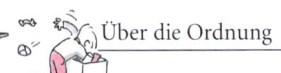

Gut oder schlecht? Richtig oder falsch?
Eine Bewertung auf den zweiten Blick

Mit diesen fünf kurzen Beispielen – im Management nennt man das Fallstudien – wollen wir etwas zeigen, das allgegenwärtig ist und keineswegs auf Kinder und Jugendliche und deren Zimmer begrenzt ist. Jeder Mensch erlernt im Laufe seines Lebens unterschiedliche Verhaltensweisen, die er anwendet, wie sie ihm angenehm scheinen und wie sie ihm nützlich sind.

Im Management werden Ordnung und Ordentlichkeit nicht als moralische Begriffe behandelt, sondern nur nach ihrem Nutzen bewertet. Es gibt nämlich in der Geschäftswelt durchaus Menschen, die auf den ersten Blick Chaoten sind, die aber z.B. ein atemberaubendes Ordnungsdenken besitzen. Andererseits gibt es penibelste Pedanten, die in Wirklichkeit nirgends durchblicken und ohne eine Schar von Assistenten und Sekretärinnen hilflos wären. Doch zwischen diesen Extremfällen gibt es eine breite Palette von Mischformen. Wir müssen also unsere oben vorgestellten Freunde – von Julia bis Susanne – mit anderen Augen betrachten.

Die völlige Unordnung bei Julia, in der sie dauernd suchen muss, ist andererseits für sie eine ständige Anregung. Wenn sie zum Beispiel nach einem bestimmten Buch sucht, muss sie ein gutes Dutzend anderer zur Hand nehmen. Dabei findet sie sozusagen nebenbei auch Bücher oder andere ihrer

Sachen, von denen sie vergessen hatte, dass sie sie besitzt. Und daraus kann sie wieder Ideen für Neues gewinnen. Das heißt, ihr wird nie langweilig, so lange sie das Suchen nicht nervt. Gleichzeitig spart sie sich die Mühe des Ordnungschaffens und lebt in ihrem Durcheinander in freier Kreativität.

Im Geschäftsleben gibt es dafür den humorvollen Begriff »Management by chaos« und in vielen kreativen Berufen ist das eine anerkannte Methode. Denn ein gerütteltes Maß an Durcheinander fördert auf jeden Fall die Spontaneität. Oder kannst du dir ein Maleratelier vorstellen, das so ordentlich organisiert und aufgeräumt ist wie eine Zahnarztpraxis?

Gegen Julia spricht, dass es niemandem jemals gelingen wird, dieses Zimmer sauber zu halten. Staubsaugen oder Staubwischen sind nahezu hoffnungslose Unterfangen, oder sie führen zu einer radikalen Zerstörung von Julias Welt, weil Mutter in ihrer Rage irgendwann mit dem »Bagger« durch das Zimmer fährt.

Bei Oliver stellen sich die selben Probleme mit dem Saubermachen. Bewundernswert allerdings ist seine enorme Gedächtnisleistung, weil er immer alles sofort findet. Doch jede Störung der Situation, z.B. eine längere Abwesenheit in den Ferien, reduziert seinen Merkspeicher im Kopf. Und dann steht er mindestens eine Zeit lang so hilflos da wie Julia. Gleichzeitig muss er unter Aufbietung aller Kräfte verhindern, dass jemand anderer in seine »freie Ordnung« eingreift. Eltern, Geschwister oder Freunde muss er förmlich aussper-

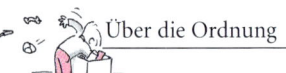

ren, denn wenn nur einer ein Stück davonträgt, geschweige denn das Zimmer hinterrücks aufräumt, findet er nichts mehr. Hier muss er absolut konsequent sein. Fachlich sprechen Manager von einem »instabilen System«, man könnte auch sagen, Olivers »Ordnung« steht ständig auf der Kippe.

Vordergründig erscheint die Situation bei Robert und Miriam ganz anders. Es kann sauber gemacht werden, gewischt und gesaugt, und es gibt keine Zutrittsprobleme. Außerdem ersparen sich beide eine Menge Auseinandersetzungen und Stress in der Familie. Robert genießt die selben Vorteile wie Julia, weil er durch ständiges Suchen immer auf Neues und Überraschendes stößt, leidet aber wie sie unter dem Nachteil des Zeitverlustes. Das ist bei Miriam zwar nicht der Fall, aber ihr Chaos hinter den Kulissen ist genauso störanfällig wie das von Oliver. Wenn ihre Mutter den Schrank aufräumt, dann ist sie ebenfalls aufgeschmissen.

In den Büros der Erwachsenen sind Menschen wie Robert und Miriam häufig zu finden. Probleme mit diesen Mitarbeiterinnen und Mitarbeitern treten regelmäßig auf, wenn sie in Urlaub gehen oder krank sind. Die stellvertretenden Kollegen finden in deren Tischen und Schränken lange Zeit nichts, bis sie ihre eigene Ordnung eingeführt haben. Und die Zurückkehrenden finden dann ihrerseits erst recht nichts mehr. Die Streitigkeiten, die daraus entstehen, kannst du dir lebhaft vorstellen.

Susanne erscheint erst einmal als »Musterkind« in diesen fünf Beispielen. Unbestritten ist eine durchgängige und nachvollziehbare Ordnung und Organisation von Vorteil für sie selbst und ihre Mitmenschen. Das muss man nicht weiter kommentieren. Eltern sehen dies verständlicherweise gern.

Die Kehrseite der Medaille ist selbstverständlich ein gewisser Aufwand vor allem bei der Entwicklung eines Systems. Systematische Ordnung erhält sich nicht von alleine, sondern muss gepflegt und immer wieder hergestellt werden.

Ordentliche Menschen erwecken bei ihren weniger ordentlichen Mitmenschen nicht immer Bewunderung. Vor allem weil sie bei dem »Schlampigen« ein Gefühl der Minderwertigkeit und ein schlechtes Gewissen auslösen. Und oft werden die Ordentlichen als Vorbild angepriesen, was sowohl für die Ordentliche als auch für die Unordentliche unangenehm sein kann. Andererseits kann Susanne total sauer werden, wenn sie sieht, wie leicht sich Oliver oder Robert die Sache machen. Zum offenen Streit käme es bestimmt dann, wenn Susanne versuchen würde, ihren Freundinnen und Freunden ihr eigenes Ordnungsverhalten aufzudrängen. Ordentliche Menschen brauchen daher in ihrem Umfeld ein hohes Maß an Toleranz.

Ein einfacher Umkehrschluss lässt sich aber nicht ziehen: dass ausgeprägt ordentliche Menschen nicht kreativ, phantasievoll oder spontan wären. Tatsächlich hilft gute Ordnung, mehr Zeit und Energie für persönliche Freiheiten zu schaffen. Aber das will gelernt sein.

Gefährlich wird der Ordnungssinn allerdings dann, wenn er zum Selbstzweck wird. Da ist es so wie bei jenen Menschen, die aus lauter Reinlichkeitssinn aus dem Putzen nicht mehr herauskommen. Für Ordnungssinn, der zum Selbstzweck geworden ist, gibt es ein Fachwort: Bürokratismus. Wer davon befallen ist, denkt nur mehr in Aktenordnern, festgelegten Abläufen und Regeln, auch wenn sie keinen praktischen Nutzen und Sinn mehr haben. Eine Spielart, die im Management gefürchtet ist. Susanne in unserem Beispiel ist zum Glück meilenweit davon entfernt.

Was Ordnung kann

Mit Maß und Ziel und Sinnhaftigkeit ist Ordnung für folgende Gesichtspunkte unverzichtbar:
- Ordnung spart Zeit
- Ordnung vermeidet Stress
- Ordnung bringt Sicherheit nicht nur im Gefühl, seine Sachen im Griff zu haben, sondern auch echte persönliche Sicherheit im Sinn von Vermeidung von Stolpersteinen, Pannen und Unfällen.
- Ordnung spart Geld. Es geht weniger verloren und es wird weniger verschwendet.
- Ordnung schafft Platz. Bei gleichem Raum kann mehr aufbewahrt werden. Wer z.B. vor der Urlaubsreise seinen Koffer ordentlich packt, kann sicher um die Hälfte mehr

mitnehmen als derjenige, der seine Sachen bloß hinein-
stopft.

- Ordnung, die vereinbart ist, schafft überhaupt erst die
Möglichkeit, mit anderen Menschen gemeinsam in
Gruppen zusammenzuarbeiten – in Beruf und Freizeit,
Schule, Vereinen, bei Veranstaltungen und Festen. Oft
sind diese Ordnungen bereits festgeschrieben und man
muss sie kennen lernen, manchmal muss man sie erst im
Team gemeinsam entwickeln. Aber: Ordnungen sind
nicht ewige Gesetze, sondern können und müssen bei
Bedarf und bei Einverständnis geändert werden.

Tipps und Tricks für die persönliche Ordnung

Gerade für junge Menschen bieten der Fachhandel, die
Kaufhäuser und viele andere Geschäfte eine große Zahl von
Ordnungssystemen und Hilfsmitteln an: Mappen, Sammel-
ordner, CD-Boxen, Ablagen usw., und zwar in den unter-
schiedlichsten Materialien und Dekors. Damit kann jeder Bedarf und jede aktuelle Mode befriedigt werden. Was gekauft
werden kann, richtet sich nach deinem persönlichen
Geschmack, deinen finanziellen Möglichkeiten und auch
nach dem vorhandenen Platz. Wer umweltbewusst ist, greift
eher nach wiederverwertbarem Material anstelle von
Kunststoff. Aber: Die schönsten Ordner, Archivboxen usw.
sind sinnlos, wenn sie nicht benutzt werden.

Über diese Detailfrage hinaus gibt es aber für jedes Ordnungs- und Aufbewahrungssystem Grundregeln.

● Gleiches zu Gleichem

Ob in Schränken, auf Borden oder am Schreibtisch – Bücher zu Büchern – Mathehefte zu Matheheften – Pullover zu Pullovern – usw.

Das allein erspart bereits die Hälfte aller sonst nötigen Such-arbeiten.

● Unterordnungen schaffen

Innerhalb ähnlicher Gegenstände sollte so weit wie möglich eine Gruppenbildung erfolgen. Also Schulbücher zu Schulbüchern, Romane zu Romanen usw. Das Gleiche gilt für Zeitschriften und Magazine. CDs und MCs sollten ebenfalls in überschaubaren Gruppen geordnet sein, z.B. nach Titel, Interpreten oder nach Musikrichtungen. Beispiele für solche Ordnungsprinzipien findest du in jedem Musik-laden.

Das gilt auch für alles andere, das sich nach logischen Ge-sichtspunkten ordnen lässt.

Diese »Logik« kannst du selbst bestimmen, so lange du allein dafür verantwortlich bist. Dort, wo sie für mehrere Menschen gleichzeitig gelten soll, also für Geschwister, Freunde, Familie, muss sie für alle verständlich und brauchbar sein. Im Bad herrschen daher andere Ordnungsgesetze als in deinem Zimmer.

● Reihenfolgen schaffen

Eine besondere Form von Untergruppierung ist die Schaffung von Reihenfolgen. Sei es nach Alphabet, nach Größen oder auch nach Farben. Ordner, Mappen, Hefte, Aufbewahrungsboxen sollten von außen gut sichtbar beschildert und beschriftet sein, wenn nicht die Farbe allein als Information ausreicht.

 ● Nähe und Entfernung

Alles, was du häufig brauchst und daher zur Hand haben musst, sollte in greifbarer Nähe sein. Das gilt für den Schreibtisch genauso wie für die Borde als auch für den Schrank.

Deine Stifte wirst du sicher auf dem Schreibtisch oder in der obersten Schreibtischschublade haben, ebenso wirst du deine aktuellen Schulsachen in unmittelbarer Nähe des Schreibtisches aufbewahren. So ist es auch sinnvoll, im Sommer die Winterkleidung auf dem Speicher oder im Keller aufzubewahren. In jedem einzelnen Punkt ist zu überlegen, wo oder wie nahe man seine Sachen verstaut.

 ● Arbeitsordnung

Für jede Tätigkeit, ob Hausaufgaben, Spielen, Basteln usw. ist es klug, die nötigen Werkzeuge und Materialien zuerst zusammenzutragen, bevor man loslegt. So sparst du eine Menge Zeit. Und natürlich solltest du auch alles wieder wegräumen, wenn die Arbeit beendet ist oder du sie für längere Zeit unterbrichst.

Ein ständiges sorgfältiges Aufräumen ist aber oft nicht möglich. Trotz aller Bemühungen sammelt sich mancherlei im Zimmer an. Klug ist es, wenn man einmal täglich und dann am besten abends eine kleine Aufräumrunde macht. Gerade deswegen, weil man dabei jene Sachen auch herrichtet und vorbereitet, die man am nächsten Morgen braucht. Damit wird der ganze lästige Morgenstress geringer.

Aber mindestens einmal in der Woche, am besten vor dem Wochenende, ist das große Aufräumen angesagt. Wer sich selbst an solche Regeln hält, erspart sich eine Menge Ärger und Mühe und manchen Familienzoff.

Im Prinzip sind das ganz einfache Tipps und Regeln, die jeder von euch kennt. Es kommt eben nur darauf an, es auch wirklich zu tun und es nicht so lange vor sich herzuschieben, bis das Zimmer zur Müllhalde geworden ist. Dann würde das Aufräumen wieder zur lästigen Qual werden, außer für Julia, die tut´s ohnehin nicht.

Was zum Thema Ordnung
außerdem noch zu sagen ist

Das Wort »Ordnung« kommt aus dem Lateinischen. Ordo bedeutet Reihe, Reihenfolge, in der alten Anschauung, dass die Menschen nicht gleich seien, sondern von unterschiedlichem Rang. Da gab es Höhere – Adelige, Kaiser – und Niedere – Bauern, Arbeiter, Sklaven. Die Ordnung der Gesellschaft sozusagen, wie sich das die Römer in der Antike vorgestellt haben.

Dieses *ordo* steckt in vielen Worten unserer Sprache. Nicht nur in Ordnung, sondern auch in Ordination (einer kommt nach dem anderen dran), Verordnung (Bestimmungen, die das Leben regeln), Ordonanz (ein untergebener Offizier), Straßenverkehrsordnung usw. Also schon vom Wesen her eine strenge Sache, die immer mit Vorschriften, Gesetzen und Anordnungen (!) zu tun hat. Dann wird das Wort auch immer gleich moralisch verwendet – ein ordentlicher Mensch hat eine ordentliche Beschäftigung, führt ein ordentliches Leben, hält Ordnung am Arbeitsplatz, ist ordentlich verheiratet, hat einen ordentlich gepflegten Garten und ordentliche Kinder. Die sich bekanntlich weigern, ihr Zimmer ordentlich aufzuräumen.

Gibt es eine höhere Ordnung? Ist Ordnung etwas Natürliches?

Wir meinen – nein! Die Natur kennt keine Ordnung. Sie waltet und schaltet nach den Regeln des Lebens und des Überlebens. Sie kennt Mangel und Überfluss. Wo Mangel herrscht, z. B. an Wasser, dort ist Steppe oder Wüste und trotzdem Leben. Wo Überfluss herrscht an Wärme und Wasser, dort ist Dschungel. Der Mensch nennt beides Wildnis, weil er lieber in Einfamilienhäusern mit gestutzten Hecken drum herum lebt. Der Mensch hat sich nämlich immer darum bemüht, in der Natur Ordnung zu schaffen, sie zu katalogisieren in Mineralien, Pflanzen, Tiere und Menschen. Dann hat er auch noch die Menschen katalogisiert. Auch in den Kosmos, das Weltall, von dem wir noch ganz wenig verstehen, hat er Gesetze hineingedacht, mit Hilfe von Mathematik, einer ganz besonderen Art von Denkordnung. Einer künstlichen Ordnung. (Sag das bloß nicht in der Mathestunde zu laut, sonst gibt es Ärger.)

Dabei ist unsere Mathematik – unser Zahlenverständnis, die ganzen Formeln samt deren praktischen Anwendung, der Physik – überhaupt nicht beweisbar. Das sind reine Annahmen, die von Jahrhundert zu Jahrhundert gewechselt, verändert und ausgebaut wurden. Und die sich auch weiter ändern werden. Das haben vor einigen Jahren einige Mathematiker und Philosophen herausgefunden.

Aber grundsätzlich ist eine gewisse Ordnung in unserem Leben aus vielen Gründen notwendig.

Weil Menschen nach Spielregeln zusammenleben müssen, um sich nicht ständig in die Wolle zu kriegen. Weil es in vielen Fällen des Alltagslebens auch um Sicherheit geht. Daneben noch um Schnelligkeit. Und, wie man im Management

sagt, um Effizienz, um hohe Wirksamkeit. Zu den vielen ge-
schriebenen Ordnungen – Gesetzen, Vorschriften, Normen –
kommen auch noch ungeschriebene Ordnungen dazu, nämlich Sitte oder Tradition.

Man spricht von Erziehung und Konvention, wenn man bei
Tisch nicht die Suppe schlürfen darf, schweinische Worte
nicht verwenden soll, obwohl man sie täglich im Fernsehen
hört, oder bei Filmen mit Jugendverbot nicht ins Kino hi-
neingelassen wird.

In der Geschichte und in der Politik ist das Wort Ordnung
eines der am meisten missbrauchten.

»Da muss doch endlich Ordnung gemacht werden!« Wenn solche Töne laut werden, dann ist immer die Gefahr damit verbunden, dass dahinter etwas ganz Anderes gemeint ist. Dass
man nach einem starken Mann ruft, einem Diktator, der von
oben her mit Gewalt alles »ordnen« soll, dass ein System
geschaffen werden soll, in dem einige Mächtige viele andere
Menschen unterdrücken, wegen ihrer Hautfarbe diskrimini-
ren und sie für minderwertig erklären. Diese Ordnungsmacher
sind Gewalttäter. »Law and order« (Recht und Gesetz), das ist
der Ruf nach Polizei, nach Richtern, nach Kerkern und nach
Todeszellen. So etwas wollen wir alle nicht.

Ist es nicht aufregend, wie viele verschiedene Bedeutungen
ein und dasselbe unschuldige Wort »Ordnung« haben kann?

Über die Zeit

Es eilt die Zeit im Sauseschritt.
Eilen wir mit?

In die Schule oder zu anderen Terminen komme ich

☐ auf die Minute genau 8 Punkte

☐ grundsätzlich zu spät 0 Punkte

☐ häufig zu spät 2 Punkte

☐ stets etwas früher 10 Punkte

In meiner Freizeit

☐ betreibe ich Sport 10 Punkte

☐ treffe ich mich mit Freunden und Freundinnen 8 Punkte

☐ höre ich gerne Musik 6 Punkte

☐ trödle ich vor mich hin 2 Punkte

Zu Bett gehe ich,

☐ wenn der spannende Krimi vorbei ist 0 Punkte

☐ wenn ich beim Computerspielen die
Augen nicht mehr offen halten kann 2 Punkte

☐ wenn meine Mutter mich deswegen
zum dritten Mal anbrüllt 4 Punkte

☐ rechtzeitig, um bis zum Aufstehen acht
Stunden Schlaf zu haben 10 Punkte

Die Hausaufgaben erledige ich

☐ gleich nach der Schule, damit ich sie
   so schnell wie möglich los werde   8 Punkte
☐ nach einer Ruhe- und Erholungspause   10 Punkte
☐ gar nicht, ich habe Wichtigeres zu tun   0 Punkte
☐ am nächsten Morgen, vor und in der Schule 2 Punkte

Ich trage eine

☐ Armbanduhr mit Digitalanzeige   6 Punkte
☐ eine Armbanduhr mit Zeigern   8 Punkte
☐ eine Uhr mit beiden Anzeigen   10 Punkte
☐ überhaupt keine Uhr   0 Punkte

Einen Kalender verwende ich,

☐ um nachzusehen, wie lange hin es
   noch bis zu den Ferien ist   2 Punkte
☐ um die Geburtstage meiner Freunde
   und Freundinnen nicht zu vergessen   6 Punkte
☐ überhaupt nicht, weil ich mich von jedem
   Tag neu überraschen lasse   0 Punkte
☐ zur Vorplanung von Lern- und
   Schularbeiten, zur Einplanung für
   Hobby und Freizeit   10 Punkte

Viel von meiner Zeit geht verloren, weil
☐ ich mich oft langweile   0 Punkte
☐ ich lange mit meinen Freunden telefoniere   2 Punkte
☐ ich immer mit irgendetwas beschäftigt bin   4 Punkte
☐ mein Terminplan voll ist   6 Punkte

Wenn ich einmal gar nichts zu tun habe,
☐ schaue ich aus dem Fenster und
    denke an gar nichts   10 Punkte
☐ gönne ich mir in Ruhe ein gutes Buch   8 Punkte
☐ muss ich sofort ins Internet oder
    ein Spiel machen   4 Punkte
☐ rufe ich Freunde an   6 Punkte
☐ ich habe immer etwas zu tun   0 Punkte

?
?
?
?
?
?
?
?
?
?
?
?
?
?
?
?
?
?
?
?
?
?
?

AUSWERTUNG

0 bis 12 Punkte

Wenn du in diesem Bereich liegst, gibt es zwei Möglichkeiten:
a) Du hast dir so wenig Zeit für diesen Fragebogen genommen, dass du schon bei der dritten Frage aufgehört hast. Aber deine Einschätzung möchstest du trotzdem wissen. Alles schnell angehen, doch nichts zu Ende führen, das ist deine Art.
b) Du hast deine Zeit nicht im Griff, die Zeit hat dich im Griff. Das mag nach außen cool erscheinen, jedoch kann es mit der Zeit auch ziemlich lästig werden. Spätestens bei einem Date bist du nur dann erfolgreich, wenn du auf den gleichen »Zeit-Typen« triffst.

13 bis 35 Punkte

Warum läuft die Zeit nur so schnell? Immer hast du zu wenig Zeit! Das spürst du wahrscheinlich den ganzen Tag. Wichtig ist, die Zeit festzuhalten, das heißt, alle Aufgaben und Termine zu notieren, sie zu planen und auch einzuhalten. Das ist eine Aufgabe, die intensiv trainiert werden muss. Wenn du also mehr Zeit und damit mehr Freizeit haben willst, heißt es trainieren – oder hast du keine Zeit dazu?

44

36 bis 55 Punkte

Du hast dir schon einiges von den Profis abgeschaut. Zwar fällt es dir schwer, dich an die Termine und Aufgaben zu halten, die du dir vorgenommen hast. Aber wenn es dir gelingt, solltest du dich dafür mit etwas Außergewöhnlichem belohnen. Wenn es dir noch nicht gelingt, ist das kein Grund, an der Methode zu zweifeln. Probier es noch einmal. Und wenn du hartnäckig bleibst, ist der Erfolg garantiert.

56 bis 76 Punkte

Von dir kann sich manch ein Erwachsener eine Scheibe abschneiden. Du hast deine Zeit im Griff, planst deine gesamten Aktivitäten und hast gelernt, dass dir das mehr Zeit und vor allem Freizeit bringt, die du dann auch genießen kannst.

Gestern – heute – morgen: Wie managen wir unsere Zeit?

Obwohl der Wetterdienst davor gewarnt hatte, glaubte wieder einmal niemand daran. Der Winter hat über Nacht einen halben Meter Schnee vom Himmel rieseln lassen. Am Morgen steht der gesamte Verkehr still: Autos, Busse, Bahnen. Sogar die Schneepflüge haben größte Mühe, sich durch die verstopfte Innenstadt zu kämpfen.

Daher erreicht Lorenz Obermann mit zweistündiger Verspätung die Schule. Nur langsam füllen sich die Klassenzimmer. Und einige Lehrer trudeln noch später ein.

Ein herrlicher Vormittag für die Mädchen und Jungen. Denn auch die angesetzte Klassenarbeit ist im Schneechaos versunken. »Mensch«, sagt Lorenz erleichtert, »da haben wir uns doch heute jede Menge Zeit erspart.«

Die meisten Menschen, ob jung oder älter, ob Schüler, Studenten, Arbeiter, Angestellte oder Unternehmer, haben Probleme mit der Zeit. Worte wie Termindruck, Hektik, Stress, Überbelastung schwirren durch unser Leben und das allgemeine Klagen gipfelt in der Floskel: »Keine Zeit!« Höchste Zeit, dass wir uns einmal Zeit nehmen, darüber nachzudenken.

Als Erstes ein spannender Versuch.

Nimm eine Uhr zur Hand und drehe sie um, so dass du die Zeit nicht ablesen kannst. Im ganzen Raum, in dem du dich befindest, sollte keine weitere Uhr sichtbar vorhanden sein, es sollte kein Computer laufen, kein Fernseher, kein Radio, keine Musik, nichts, es sollte also völlige Stille herrschen. Und jetzt versuchst du einmal, 10 Minuten absolut nichts zu machen. Nachdem du »los« gesagt hast, schaust du einfach an die Decke, aus dem Fenster oder sonst wohin. Zählen, singen, lesen sind jetzt nicht mehr erlaubt.

Versuche, auf deine innere Uhr zu horchen. Wenn du glaubst, dass 10 Minuten um sind, sagst du »stopp« und liest die tatsächlich vergangene Zeit auf deiner Uhr ab. Trage deinen gemessenen Wert in die unten stehende Tabelle ein.

Ebenso machst du es mit der Vorgabe von 20 Minuten und mit 1 Minute.

Versuchszeit	gemessene Zeit
10 min	
20 min	
1 min	

Und bevor wir über die Ergebnisse nachdenken, machen wir gleich noch ein Experiment. Wieder brauchst du die Uhr. Dieses Mal sollst du dich aber mit etwas Interessantem beschäftigen. Gut geeignet ist ein Computerspiel oder ein spannendes Buch; du kannst aber auch etwas basteln oder mit deinem besten Freund ein Gespräch führen, z.B. am Telefon.

Wenn du während dieser Tätigkeit merkst, dass du so richtig drin bist, wirf einen Blick auf deine Uhr, dreh sie um und lass die unsichtbare Zeit laufen und führe deine lustvolle Tätigkeit weiter. Nach einiger Zeit notierst du dir auf deinem Zettel die Zeit, von der du glaubst, dass sie vergangen ist. Checke mit deiner Uhr sofort die tatsächlich verstrichene Zeit. Beide Zeiten werden in die Tabelle eingetragen.

vermutete Zeit	gemessene Zeit	Tätigkeit
1.		
2.		
3.		

Zum besseren Vergleich führst du den Versuch mehrmals durch – mit kurzen, etwas längeren und langen Zeiträumen, aber immer bei Tätigkeiten mit Spaß, die dir Freude machen.

Für den dritten Versuch wählst du Tätigkeiten aus, die dir auf den Geist gehen oder bei denen du dich langweilst. Schwierig ist es, diesen Versuch in der Schule zu machen, da in den meisten Klassenzimmern Wanduhren hängen und viele Lehrer sauer reagieren würden, wenn sie deinen Versuch aufdecken.

Beispiele dafür gibt es zu Hause genug: Schuhe putzen, Zimmer aufräumen, Lateinvokabeln büffeln …

vermutete Zeit	gemessene Zeit	Tätigkeit
1.		
2.		
3.		

Vergleiche nun die Ergebnisse der drei Tabellen miteinander. Welche Unterschiede sind dir zwischen den drei Experimenten aufgefallen?

In den seltensten Fällen stimmen die gemessenen Zeiten mit den empfundenen oder vermuteten Zeiten überein, denn es gibt nur wenige Menschen, die ein absolutes Zeitgefühl besitzen. Selbstverständlich lässt sich so etwas durch ständiges Training auch erlernen. In manchen Berufen oder auch im

Sport ist das sehr wichtig und nützlich. Wir wissen von Wett-kämpfern wie z.B. Rennfahrern, Skiläuferinnen oder Sprin-tern, dass sie ihre Lauf- oder Rundenzeiten exakt im Gefühl haben und auf die Zehntelsekunde genau abschätzen kön-nen, noch bevor sie die offizielle Zeitmessung erfahren. Es soll auch Topmanager geben, die jederzeit, ohne auf die Uhr zu blicken, fast auf die Minute genau sagen können, wie spät es ist.

Aber zurück zu dir.

Im ersten Versuch hast du höchst wahrscheinlich die Zeit viel länger eingeschätzt als die tatsächlich vergangenen Minuten. Deine gemessenen Zeiten sind also wesentlich kürzer als die vorgegebenen Versuchszeiten. Du dachtest, 10 Minuten wären schon vorbei, deine Uhr hat aber möglicherweise nur 6 Minuten gezeigt.

Unausgefüllte Zeit erleben wir viel zu lange, weil unsere inne-re Uhr schneller tickt, weil wir alle ein schnelles Leben führen und so sehr daran gewöhnt sind, dass wir Ruhezeiten kaum mehr voll auskosten. Methoden, um dies zu verbessern, sind u.a. Yoga, Autogenes Training und andere Meditations-übungen, die in vielen Bildungseinrichtungen oder in Verei-nen angeboten werden. Und zwar gezielt zum Stressabbau und als Hilfe für überreizte und hektische Menschen.

Beim zweiten Versuch zeigt sich meist, dass uns die Zeit davonläuft.

Wenn du wirklich von der Tätigkeit, die du für dieses Experiment ausgewählt hattest, fasziniert warst, dann hast du Zeit und Raum vergessen, wie man so schön sagt. Das heißt, es war kurzweilig, es ist mehr Zeit vergangen, als du dachtest.

Bei Verliebten scheint die Zeit nahezu still zu stehen, beim Quatschen am Telefon sicher auch, mit dem Nachteil, dass die Telefonrechnung explodiert.

Der dritte Versuch zeigt fast immer den umgekehrten Effekt. Lästiges ist meist langweilig. Das heißt für uns, die Zeit vergeht sehr langsam. Zumindest subjektiv, also nach unserem eigenen Empfinden. Wir denken, es sei sehr viel Zeit verflossen und in Wirklichkeit war es kaum die Hälfte. So kann das Warten auf liebe Freunde oder auf einen tollen Event, aber auch die Autofahrt in den Urlaub mit den Eltern scheinbar zu einer Ewigkeit werden.

Die Versuche beweisen uns deutlich, dass Zeit und Zeitabläufe ganz subjektiv empfunden werden, d.h. von Mensch zu Mensch und von Situation zu Situation unterschiedlich. Während andererseits die objektive Zeit, die uns die Uhr zeigt, gleichmäßig und von all dem unbeeindruckt fließt.

Aus all diesen Überlegungen stellt sich für uns, die wir alle viel zu tun haben und viel tun möchten oder auch einmal richtig faulenzen wollen, die Frage, wie wir die real vorhandene Zeit

am besten für uns nutzen. Deshalb sollten wir sie vorweg planen und immer wieder beobachten und manchmal auch rückblickend kontrollieren. Im Management nennt man das Zeit-Management oder auch – richtiger – Selbst-Management.

Dafür gibt es praktische Regeln und Werkzeuge, die du für deinen Alltag einsetzen kannst.

Analog oder digital?
Wochenplaner, Taschenkalender oder PC?

Die Armbanduhr, der Taschenkalender, Tischkalender, Wandkalender sind für junge Menschen heute scheinbar selbstverständlich. Computerfreaks haben das alles im PC oder Notebook. In den kommenden Jahren werden durch neue Technologien immer kleinere und handlichere »Zeitwerkzeuge« in den Handel kommen. Wer es sich leisten kann, greift immer begeistert nach solchen »Spielzeugen«. In der Welt des Managements gehören sie zu den so genannten Statussymbolen.

Ob schlichter Buchkalender oder High-Tech-Planer, es kommt immer darauf an, dass man wirklich damit umgehen kann und sie clever für seine eigenen Zwecke einsetzt. Sonst ist es nur künftiges Altpapier und Elektronikschrott von morgen.

Sehen wir zuerst einmal die Uhren an, die wir am Handgelenk tragen oder die uns überall umgeben. Wir wollen uns nicht mit den Fragen von Schönheit, Design, Mode oder Marke auseinandersetzen, sondern mit praktischen Überlegungen.

Es gibt die so genannten Analog-Uhren, also jene mit Zifferblatt und Zeiger. Sekundenzeiger, Datumsanzeige, Stopp- oder Timerfunktionen sind bei diesen Uhren zusätzlich häufig vorzufinden. Die anderen gängigen Uhren sind Digital-Uhren, die die Zeit in Ziffernangaben zeigen. Auch solche Uhren sind mit unterschiedlichen Zusatzfunktionen erhältlich. Zwischen den Anhängern der analogen und digitalen Uhren herrschen fast »Glaubenskriege«. Für uns ist nur wichtig, was diese Uhren können.

Eine Digital-Uhr zeigt auf den ersten Blick nur den momentanen Zeitpunkt an. Wenn die Uhr 9:05 anzeigt, müssen wir Zeitdifferenzen nach vorne oder rückwärts erst rechnen. Das ist nicht schwer, denn bis halb zehn – so haben wir schnell errechnet – sind noch 25 Minuten Zeit. Und dass seit Viertel vor neun 20 Minuten vergangen sind, auch das kriegen wir im Kopf noch hin. Aber es muss gerechnet werden.

Die Analog-Uhr zeigt uns mit den Zeigern selbstverständlich ebenfalls die Zeit, aber gleichzeitig erfassen wir Zeitdifferenzen in die Vergangenheit oder die Zukunft mit dem selben Blick und ohne nachzurechnen. Wir wissen, dass wir bei der Verwendung einer Zeigeruhr auch ein besseres Gefühl für

Zeitabläufe bekommen. Also – behaupten wir – ein besseres Zeitgefühl.

Wo es wichtig ist, Zeiten punktuell festzuhalten und zu notieren, z.B. für Tabellen in der Wissenschaft oder im Sport, ist die Digital-Uhr natürlich praktischer. Deswegen werden heute die meisten Stoppuhren als Digital-Uhren angeboten. Die Analog-Uhr ist aber aus ihrer Übersichtlichkeit heraus für den Alltag die bessere, weil sie durch die Winkelstellungen der Zeiger stets auch die Zeitverhältnisse zeigt. Wer beides braucht, sollte sich eine kombinierte Uhr zulegen.

Aus diesen Überlegungen heraus ist für das Zeitmanagement eine Analog-Uhr mit Ziffern und Zeigern eher zu empfehlen. Nebenbei bietet eine solche Uhr einen Orientierungsvorteil, den Pfadfinder, Wanderer oder Soldaten kennen. Man kann mit ihr am Tag und wenn die Sonne sichtbar ist, die Himmelsrichtungen bestimmen.

Für die Zeitplanung braucht ihr natürlich neben einer Uhr zusätzlich den guten alten Kalender. Im Taschenformat gibt es Tages-, Wochen- und Monatsplaner teilweise mit einer ganzen Jahresübersicht und manchmal mit vielen weiteren Zusatzinformationen. Wobei für Schüler die Übersicht über Ferien und Feiertage besonders interessant ist.

Entscheidende Auswahlkriterien für dich beginnen beim Format. Der Kalender sollte nicht zu klein und auch nicht zu groß sein, so dass er leicht mitgenommen werden kann.

Wir empfehlen einen Kalender, der aufgeschlagen über zwei

Seiten eine Wochenübersicht bietet, bei der die einzelnen Tage in einem Zeitraster von 7 Uhr bis 21 Uhr unterteilt sind. Praktisch für dich sind solche im DIN A6- oder DIN A5-Format.

Wie kannst du mit dem Kalender am besten arbeiten?

Die Hauptaufgabe besteht darin, den Kalender im voraus zu führen. Du schreibst z.B. die nächste Woche so weit wie nur möglich vor, trägst alle Fixzeiten oder festen Termine, die du bereits weißt und kennst, ein und markierst sie. Als Erstes einmal den Stundenplan, wobei es reicht, wenn du ihn als Blockzeit markierst. Der detaillierte Stundenplan hängt vermutlich gut sichtbar über deinem Schreibtisch.

Was auf jeden Fall in diesen Tagesblöcken herausgehoben werden muss, sind außergewöhnliche, wichtige Termine wie z.B. die Mathearbeit am Mittwoch, der Abgabetermin für den Hausaufsatz am Donnerstag oder wenn freitags der Sportunterricht im Schwimmbad stattfindet. Solche Details nennt man im Management Zieltermine, und da für sie rechtzeitig vorgearbeitet bzw. vorbereitet werden muss, sind sie hervorzuheben und deutlich einzutragen.

Bestimmt hast du weitere Fixtermine: die Ballettstunde am Montag um 15 Uhr, die Nachhilfestunde am Mittwoch um 16 Uhr, die Party bei Oliver ...

Beachte bitte, dass bei allen vornotierten Terminen auch die Wegzeiten einzuplanen sind.

Wenn z.B. die Ballettstunde um 16 Uhr zu Ende ist, kannst du nicht im nächsten Moment einen Termin am anderen Ende der Stadt wahrnehmen, sondern musst eine »Pufferzone« einplanen. Im Management spricht man hierbei von Nachlauf- und Wegezeiten. Unsere Erfahrung aus der Praxis zeigt, dass jede, jeder andere in einen heillosen Terminstress gerät, wenn diese Nachlaufzeiten nicht berücksichtigt werden.

Vorausschauend und aus Erfahrung weiß jeder von euch auch, wie viel Zeitbedarf in der nächsten Woche für Hausaufgaben oder vorbereitendes Lernen nötig ist. Was wieder mit den oben genannten Terminen in der Schule zusammenhängt und darauf ausgerichtet sein muss. Dieser Zeitbedarf ist ebenfalls vorzuplanen und im Tageskalender zu markieren. Darüber hinaus braucht jeder Mensch auch Reservezeiten für sich selbst und für Unvorhergesehenes. Niemand sollte doch ohne Pausen arbeiten oder ins Hintertreffen geraten, weil etwas Unvorhergesehenes passiert, auf das man reagieren muss.

Beispiel: Defekt am Fahrrad, das am nächsten Tag dringend gebraucht wird und daher sofort zur Reparatur gebracht werden muss. Solche Reservezeiten helfen also bei Bedarf, den Terminplan nicht zusammenbrechen zu lassen und im angenehmsten Fall für sich mehr Freizeit herauszuwirtschaften.

Denn jeder Tag hat ein ganz natürliches Ende, das der letzte fixe Termin sein sollte: zu Bett gehen.

Übrigens, als wir junge Manager waren, gab es einen flotten Spruch unserer Vorgesetzten, den wir immer wieder hören mussten: Der Tag hat 24 Stunden, und wenn das nicht reicht, nehmen wir einfach die Nacht dazu.

Wir predigen unseren Trainees etwas anderes: acht Stunden Schlaf unbedingt. Dagegen gibt es zahllose Einwände. Man hätte so viel zu tun und so viele Verpflichtungen, dass man sich die halbe Nacht um die Ohren schlagen müsse. Sogar in den Seminaren finden wir unsere Teilnehmer manchmal noch um vier Uhr an der Bar des Seminarhotels im fröhlichen Gespräch.

Wo und wie auch immer, diese Misshandlung des eigenen Körpers führt zu nichts. Manchmal geht es nicht anders, aber ein Dauerzustand darf das nicht sein. Es folgen Erschöpfungszustände und man wird krank. Und die allgemeine Leistungsfähigkeit ist lange zuvor erst langsam und dann immer schneller gesunken. Das kann durch noch so viel Hektik und Getue nicht ausgeglichen werden.

Für dich heißt das, dass ein korrekter Tagesterminplan vom morgendlichen Aufstehen zurückgerechnet werden muss. Wer um sechs Uhr morgens aus den Federn muss, um rechtzeitig in der Schule zu sein, der gehört also spätestens um zehn Uhr in die Falle. Eigentlich früher, denn die Ärzte meinen, dass junge Menschen neun Stunden oder mehr als Mindestschlafzeit brauchen. Besonders Schlaue führen dagegen an, sie würden am Wochenende ausschlafen. Die Ärzte meinen, das funktioniert nicht, und wir meinen, ein

Wochenende sollte besser für euer Hobby, fürs Freizeit-
vergnügen und Spaß genützt werden, statt es zu verschlafen.
Wenn ihr das Tagesende korrekt mit 21 oder 22 Uhr ansetzt,
dann kommt ihr womöglich sehr rasch dahinter, dass eure
Zeitpläne viel zu voll gestopft sind. Was ist zu tun?

Das Fachwort heißt: Prioritäten setzen. Also Wichtiges von
weniger Wichtigem trennen. Das ist nicht leicht und muss
gelernt werden. Gerade weil die einen Dinge Spaß machen
und die anderen nerven. Das kann unter Umständen der
Wichtigkeit der Dinge genau entgegenstehen. Wo sich Termine überschneiden, wirst du selbst zu entscheiden haben,
was für dich vorgeht.

Eine der wichtigsten Regeln ist es, die so genannten unange-
nehmen Tätigkeiten, sei es Schul- oder Hausarbeit, mit höhe-
rer Priorität anzusetzen, also möglichst gleich und rasch zu
erledigen. Das schmeckt im ersten Moment natürlich überhaupt nicht, hat aber einen starken psychologischen Effekt.
Wenn du nämlich das Unangenehme erledigt hast, dann wirst
du dich auf die angenehmen Dinge doppelt freuen. Schiebst
du umgekehrt das Lästige vor dir her, wird es sich erstens kei-
nesfalls von selbst erledigen und dir zweitens die Dinge vermiesen, die dir eigentlich Spaß machen. Weil sich ein ständiges schlechtes Gewissen aufbaut. Daher die umgekehrte
Reihenfolge: Unangenehmes zuerst erledigen und dann mit
»befreiter Seele« die schönen Dinge des Lebens angehen.
Diese beinahe wichtigste Regel des Zeitmanagements befol-
gen leider selbst die meisten Erwachsenen nicht richtig.

Was man noch so mit dem Terminplaner tut

In den meisten Kalendern gibt es eigene Rubriken für besondere Merkpunkte, die man ebenfalls vornotiert: Geburtstage, Erinnerungstermine wie Beginn des Kartenvorverkaufs für die heiß ersehnte Popgruppe oder wieder einmal Tante Anna anrufen. Also alles, was man im Verlauf der Woche oder des laufenden Monats nicht vergessen darf.

Sind solche Notizen erledigt, hakt man sie sichtbar ab.

Sehr nützlich ist es, wenn man am Ende eines Tages oder spätestens am Ende der Woche – am besten mit anderer Farbe – die Wochenübersicht nachbereitet, indem man die tatsächlich gelaufenen Termine und Ereignisse einträgt.

Der Vorteil dabei ist, dass alle nicht erledigten oder vergessenen Termine auf einen anderen Tag oder vielleicht die nächste Woche eingeplant werden.

Du bekommst so eine Art Tagebuch. Im Management ist solch ein Kalender ein ganz persönlicher Arbeitsnachweis, der bei Streitigkeiten sogar Beweiskraft hat. Für dich bringt das vielleicht auch einmal die Möglichkeit des Rückblicks mit kritischer Betrachtung, warum etwas schief gelaufen oder besonders gut gelungen ist. Kann durchaus spannend sein.

Aber Vorsicht! Einen Kalender kann man auch benützen, um sich selbst zu belügen. Das tun auch viele Manager so. Indem sie ihn nämlich mit Bleistift führen und alle Änderungen durch Radieren ausgleichen. Das sieht dann später so aus, als wäre immer alles nach Plan gegangen, weil man ja keine

59

Änderungen mehr sieht. Richtig ist daher, einen Kalender mit Tinte, Fineliner oder Kugelschreiber zu führen. Und auch dokumentenecht, z.B. mit roter Farbe, nachzukorrigieren. An der Häufigkeit von Planänderungen erkennst du dann, ob du ein mehr oder weniger »geordnetes« Leben führst oder ob dich Pflichten und Aufgaben, Freizeit und Spiel so richtig hin und her beuteln.

Du könntest zu Recht sagen, dass du diesen Aufwand gar nicht brauchst, weil du alles im Kopf behältst. Kann natürlich sein. Im amerikanischen Management gibt es aber ein Sprichwort und das heißt: »Put your thinking in your inking«. Was heißt, dass das, was dir einfällt, auch niedergeschrieben werden soll. Mit der Hand und mit Tinte! Das ist psychologisch gedacht, denn tatsächlich merken wir uns Termine und Details wie Telefonnummern oder Namen viel leichter, wenn wir sie mit der Hand niedergeschrieben haben.

Und was kann mein PC?

Natürlich können die elektronischen Kalender das alles auch. Aber für junge Menschen, die ihre Zeit nicht in einem Büro verbringen, ist dies nicht so praktisch. Wer von euch kann oder will dieses Ding mit sich herumschleppen? Erst die nächste Handygeneration wird dieses Problem vielleicht lösen können.

Aber letztlich ist das auch eine Geldfrage.

Unsere Erfahrung in der Wirtschaft zeigt außerdem, dass die, die mit solchen Supergeräten gut umgehen können, dies auch zuerst von der Pike auf mit einfachen Terminplanern und Wochenübersichtskalendern gelernt haben.

Ein Weiser sprach einst in Athen:
Wie schnell doch die Stunden vergehn.
Die Zeit eilt mit Macht,
jüngst war es noch acht –
jetzt ist es schon viertel nach zehn.
Limerick

Zeit und Unzeit
Was wir merkwürdigerweise über die Zeit nicht wissen

»Die Zeit wartet auf niemand«, singt Ulla Meinecke in einem ihrer Songs. Aber überall taucht sie auf, die *Zeit*. Unsere ganze Sprache ist vom dem Wort Zeit durchzogen. Wenn du dir eine Liste machst, welche Worte mit Zeit zusammenhängen, kannst du mehrere Seiten füllen: rechtzeitig, Schulzeit, Freizeit, Brotzeit, Zeitwort, Unzeit, Hochzeit, Frühzeit, Steinzeit, Fehlzeit, Wartezeit, Auszeit, Gleitzeit, Strafzeit, etc., etc. Die Zeit muss also etwas ganz Wichtiges während unserer gesamten Lebenszeit sein.

Was die Zeit betrifft, sind wir auf Beobachtungen angewiesen: den Lauf der Gestirne, die Phasen des Mondes, die Jahreszeiten, wie sie uns die Natur zeigt. Die Menschen haben seit tausenden von Jahren den beobachtbaren Zeitverlauf mit Hilfe von Messsystemen zu beschreiben und zu ordnen versucht. Die Kulturgeschichte der Zeitmessung wäre einige Bücher wert, so viel könnte man darüber erzählen. Mit der Zeitmessung Hand in Hand geht die Erfindung des Kalenders, in dem Jahre, Monate, Tage definiert, also festgeschrieben werden. Du weißt, es gibt auf der Welt verschiedene Kalender, nicht nur den unseren. Muslimische Menschen, jüdische Menschen, asiatische Menschen haben eine andere Zeitrechnung, so dass ihre Feiertage ganz anders fallen als bei uns. Wir haben einen Sonnenkalender, nach dem Sonnenjahr

gerechnet, der Islam und das Judentum haben einen Mond-
kalender, der sich nach den Phasen des Mondes richtet.
Zeit ist also relativ.

Die Menschen der Industriegesellschaft haben sich die Sache
mit der Zeit zuerst einmal leicht und dann umso schwerer
gemacht. Mit der Erfindung der Dampfmaschine, mit dem
Wachsen der Fabriken, mit dem technischen Fortschritt und
mit unserem Wohlstand wurde Zeit zur »Ressource« erklärt.
Das Wort Ressource bedeutet so viel wie Quelle, die man aus-
schöpfen kann. Zeit wurde zum Betriebsmittel, zum Material,
zum Rohstoff erklärt. So wie Kohle, Eisen und Stahl, menschliche Arbeitskraft, Geld, Wasser und Luft. Eigentlich unsym-
pathisch, wenn man die Natur nur mehr als eine Fülle von
ausbeutbaren Rohstoffen betrachtet und Mensch und Tier als
Arbeitskräfte, deren Arbeit durch die Zeit, in der sie erfolgt,
bewertet wird. Wir leben in einer Leistungsgesellschaft. Und
in der Leistungsgesellschaft wird nicht mehr beurteilt, wie
gut du etwas gemacht hast, sondern wie schnell du es gut
gemacht hast. Time is money, Zeit ist Geld.

Selbstverständlich haben wir schon längst unsere Zeit in
überschaubare Portionen und Happen geteilt. Die Lebenszeit
des Menschen teilen wir in Kindheit, Schulzeit, Studienzeit,
Arbeitszeit und wohlverdienten Ruhestand, den sogenannten
Lebensabend. Wobei es natürlich noch jede Menge Unter-
teilung gibt.

Das Kalenderjahr teilen wir in Werktage, Feiertage, Wochen-
enden, Ferienzeiten, Urlaube. Den Tag teilen wir in Arbeits-

zeit und Freizeit. Wobei die so genannte Freizeit nicht wirklich der reinen Erholung gewidmet wird, sondern so voll von Aktivitäten ist, dass sie kaum ausreicht. Die Arbeit – bei dir ist es die Schule – nervt sowieso, die Freizeit stellt immer wieder neue Anforderungen an uns.

Die Uhr wird immer wichtiger. Kaum eine halbe Stunde, in der man nicht dreimal nachgeguckt hat, wie spät es ist. Wen wundert es, dass alle über Hektik und Stress jammern. Wer wie die Menschheit irgendwann einmal begonnen hat, die Zeit in kleine Stückchen – Stunden, Minuten, Sekunden, Zehntelsekunden, Hundertstelsekunden – zu teilen, der darf sich nicht wundern, dass sie ihm immer schneller wie Sand durch die Finger rinnt.

Obwohl wir nebenbei gesagt nicht einmal behaupten können, dass die Zeit wirklich vergeht. Asiatische Menschen, deren Denksystem dem so genannten Taoismus angehört, behaupten, dass die Zeit still steht. Dass wir uns bewegen und verändern, während es der Zeit völlig egal ist, was wir so tun. Wir Europäer wiederum glauben, die Zeit sei eine Linie, auf der wir uns bewegen, und unsere Uhren zeigen uns den Punkt, an dem wir uns gerade befinden. Dann kommen wieder die Science-Fiction-Autoren – du kennst das vom Raumschiff Enterprise – und behaupten, dass es viele parallele Zeitlinien gäbe, die nebeneinander laufen. Und wenn man zwischen diesen hin- und herspringen könnte, dann hätte man mehrere Leben gleichzeitig und nebeneinander.

Absurd? Unvorstellbar? Undenkbar?

Na, dann soll mal jemand das Gegenteil beweisen. Die Mathematiker bestätigen uns, dass rechnerisch alle Denksysteme stimmen können. Und die Physiker wüssten nur zu gerne, was die Zeit wirklich ist: eine Energie, ein Stoff, Wellen oder Quantenpartikel? Bis jetzt kann das niemand erfassen.

Über die Motivation

Lust und Frust –
brauchst du öfter einen Kick?

Wenn du morgens aufstehst, fühlst du dich

☐ schon geschafft   0 Punkte

☐ durchaus hoffnungsvoll   6 Punkte

☐ wie ein Fisch im Wasser   8 Punkte

☐ unwiderstehlich   10 Punkte

In deiner Schule fällt dir eine völlig neue unbeschriftete
Tür auf. Wie reagierst du?

☐ Ich gehe einfach weiter.   0 Punkte

☐ Ich horche an der Tür.   4 Punkte

☐ Ich klopfe an und warte, was passiert.   8 Punkte

☐ Ich trete ein, ohne anzuklopfen.   10 Punkte

☐ Ich frage Vorbeikommende.   2 Punkte

Du hast für eine schriftliche Arbeit überraschenderweise
eine negative Note bekommen. Wie reagierst du?

☐ Ich zerreiße wütend die Arbeit und
werfe sie in den Papierkorb.   6 Punkte

☐ Ich bin die folgenden drei Tage
deprimiert und nicht ansprechbar.   0 Punkte

? ☐ Das lässt mich völlig kalt.　　　　2 Punkte

? ☐ Ich analysiere sorgfältig die Fehler und
　　beginne sofort daran zu arbeiten.　　10 Punkte

? ☐ Ich fühle mich vollkommen ungerecht
　　behandelt und veranstalte eine
　　Fete mit meinen Freunden.　　　　8 Punkte

Du wirst für etwas gelobt, das du nicht getan hast.
Was tust du?

? ☐ Ich freue mich diebisch und sage
　　kein Wort.　　　　　　　　　　　0 Punkte

? ☐ Ich genieße das Lob und stelle die Sache
　　einen Tag später vor Freunden richtig.　2 Punkte

? ☐ Ich kläre sofort auf, wem das Lob
　　wirklich zusteht.　　　　　　　　10 Punkte

? ☐ Ich weise nur darauf hin, dass mir das
　　Lob nicht zusteht.　　　　　　　　6 Punkte

Du wirst für etwas bestraft, für das du nicht
verantwortlich bist. Was tust du?

? ☐ Ich wehre mich mit aller Macht.　　10 Punkte

? ☐ Ich stecke es weg, ohne mit der Wimper
　　zu zucken.　　　　　　　　　　　2 Punkte

? ☐ Ich protestiere halbherzig.　　　　4 Punkte

? ☐ Ich bekomme einen Weinkrampf.　　0 Punkte

Wie belohnst du dich selbst?

☐ Ich belohne mich nie.   0 Punkte

☐ Je nach Jahreszeit mit Eiscreme
    oder Schokolade.   4 Punkte

☐ Ich gönne mir einen zusätzlichen
    Discobesuch.   8 Punkte

☐ Ich plündere das Sparschwein und
    kaufe mir etwas Schönes.   10 Punkte

Was turnt dich am meisten an?

☐ heiße Musik   4 Punkte

☐ Computerspiele   2 Punkte

☐ gute Noten   6 Punkte

☐ die Anerkennung meiner Freunde   8 Punkte

☐ etwas echt Verbotenes   0 Punkte

Was geht dir total auf den Geist?

☐ Urlaub mit der Familie   2 Punkte

☐ Tante Ottilies Benimmregeln   6 Punkte

☐ Onkel Alfreds Erzählungen von früher,
    als alles anders und vor allem besser war   10 Punkte

☐ Druck von außen, etwas mehr zu tun   4 Punkte

? Wie möchtest du nie werden?
? ☐ wie meine Eltern   8 Punkte
? ☐ wie mein Musiklehrer   6 Punkte
? ☐ wie die ältere Schwester/der große Bruder   4 Punkte
? ☐ wie Thomas Gottschalk/
?   Verona Feldbusch   2 Punkte
?
?
? Wer ist für dich ein Idol/ein Vorbild?
? ☐ Albert Einstein   10 Punkte
? ☐ Michael Schumacher   8 Punkte
? ☐ Claudia Schiffer   2 Punkte
? ☐ Madonna   4 Punkte
? ☐ der Bundeskanzler   6 Punkte
?
?
? Die drei wichtigsten Lebensziele sind für dich
? ☐ Glück   3 Punkte
? ☐ Reichtum   1 Punkt
? ☐ Liebe   2 Punkte
? ☐ Harmonie   1 Punkt
? ☐ Gesundheit   2 Punkte
? ☐ Spaß haben   0 Punkte
? ☐ berühmt sein   2 Punkte
? ☐ Erfolg   3 Punkte
? ☐ Macht   1 Punkt
? ☐ eine Top-Stelle finden   2 Punkte

Was für ein Typ bist du eigentlich?

- [ ] der totale Winner   8 Punkte
- [ ] cool und clever   6 Punkte
- [ ] jeden Tag anders   2 Punkte
- [ ] der absolute Looser   0 Punkte

AUSWERTUNG

8 bis 26 Punkte

Du hast nicht gerade viel Elan. Du lässt dir den Kick lieber von anderen geben. Das macht dich diesbezüglich abhängig, weil du nur selten selbst über dich bestimmst. Es hilft dir aber, dich auf deine persönlichen Erfolge zu konzentrieren. Da gibt es auch einige Dinge, die dir gut gelingen. Versuche deine Stärken auszubauen.

27 bis 36 Punkte

Du bist ein echter Zwischentyp.Viel Freude bei deiner freien Entscheidung!

37 bis 60 Punkte

Auf dich passt das Bibelzitat »Stell dein Licht nicht unter den Scheffel«. Du glaubst zu oft, andere könnten es besser. Das stimmt nicht. Du kannst es auch, do it! Wenn du an deine Fähigkeiten glaubst, werden dir auch die scheinbar unmöglichsten Dinge gelingen.

61 bis 88 Punkte

Du hast viel Energie und Impulse in dir. Das macht dir aber meistens eher Sorgen, und du versuchst, dich zu bremsen.

Das muss nicht sein. Auch wenn dir klar ist, dass jedes Vorpreschen Risiken in sich birgt, hast du mehr Chancen, vorwärts zu kommen, als du denkst.

89 bis 112 Punkte

Glückwunsch: Du bist ein richtiges Motivations-Genie. Ganz gleich wie schwierig die Aufgabe ist, die vor dir steht, du gehst mit Mut und Zuversicht heran. Und die Begeisterung, die du mitbringst, reißt andere mit. In deiner Clique wirst du gebraucht, wenn nichts weiter geht.

It's my life!
Immer gut drauf oder null Bock auf nichts

Als Lorenz Obermann seinen Klassenkameraden erzählte, dass seine ältere Cousine soeben nach Rekordzeit und mit gutem Notendurchschnitt die Uni absolviert hatte, fand er zuerst nur Kritiker. Diese Tussi sei wahrscheinlich ekelhaft gescheit oder eine unangenehme Streberin, mutmaßten die Freunde.

»I wo«, konterte Lorenz, »die ist so doof und faul wie wir.«

»Dann ist es gelogen«, ätzten die Freunde.

»Nein«, erläuterte Lorenz, »sie hat am ersten Tag ihres Studiums gesehen, wie öde es an der Uni zugeht. Daraufhin hat sie beschlossen, keinen Tag länger zu bleiben als nötig. Also hat sie blitzschnell fertig studiert. Sie war eben richtig motiviert.«

Motivation ist in unserem Sprachgebrauch ein weit verbreiteter Begriff geworden. Mit diesem Wort verbindet sich scheinbar ein Versprechen. Wer »motiviert«, ist, der kann alles und wird immer gewinnen. Wem die »Motivation« fehlt, der schafft angeblich nichts. Diese Ansichten und Formulierungen stammen hauptsächlich aus dem Sport, wo man manchmal sogar von »übermotiviert sein« spricht. Alle diese Begriffe und Vorstellungen haben sich längst im alltäglichen Leben, in der

Schule und in der Berufswelt eingebürgert. Das Wort Motivation hat sich zu einer richtigen Zauberformel entwickelt, hinter der sich einfache und klare Zusammenhänge verbergen.

Was bedeutet Motivation nun wirklich? Wie sind Menschen motivierbar? Wie können wir uns selbst motivieren?

Würden die fünf Freunde aus dem ersten Kapitel – Julia, Oliver, Robert, Miriam und Susanne – bei uns ein Seminar zum Thema Motivation besuchen, bekämen sie zu Beginn vielleicht folgende Aufgabenstellung präsentiert:
Ein Lexikon mit zehn Bänden steht von links nach rechts in der herkömmlichen Reihenfolge geordnet im Regal. Jeder Band hat 100 Blätter, die einseitig bedruckt und nummeriert sind. Das heißt, alle zehn Bücher zusammen haben 1000 Blätter. Ein Bücherwurm frisst sich nun durch Blatt 1 des ersten Bandes in gerader und direkter Linie bis durch Blatt 100 des letzten Bandes. Wie viele Blätter hat er dabei durchlöchert? Die Einbände werden nicht gezählt.

Erfahrungsgemäß erfolgen die ersten Antworten spontan in folgenden Variationen:
1000 Blätter sagen Julia, Robert und Susanne, die schnellen Rechner, aber Susanne korrigiert, weil sie meint, dass der Bücherwurm das erste und das letzte Blatt nicht mitgefressen hätte, auf 998. Überhaupt keines, behauptet Oliver, weil es keine Bücherwürmer gäbe, die Löcher in Bücher fressen.

77

Miriam versteift sich auf 2000, weil sie überlesen hat, dass jedes Blatt der Bücher ungewöhnlicherweise nur einseitig bedruckt ist. Und sofort entstehen heftige Diskussionen darüber, wer denn Recht hätte.

Der Trainer macht nun Folgendes: Erstens sagt er, dass alle bisherigen Antworten falsch sind, und zweitens vertröstet er darauf, dass er das richtige Ergebnis erst am Abend präsentiert. Und damit wird zu einem anderen Thema übergegangen.

Am Abend wird überraschenderweise die Lösung nicht sofort preisgegeben, sondern erst gefragt, wie und wie oft jeder während des Tages an dieses ungelöste Problem gedacht und weiter daran gearbeitet hätte. Julia und Miriam ist die Aufgabenstellung während des ganzen Tages nicht aus dem Kopf gegangen. In jeder Pause, vor allem beim Mittagessen, haben sie darüber nachgedacht und verbissen darüber diskutiert. Oliver, der das Problem für sich abgehakt hatte und keinen Grund sah, darüber nachzudenken, wurde von Robert und Susanne immer wieder auf das Thema angesprochen und ist abends deshalb über den Bücherwurm richtig sauer. Robert und Susanne haben jeder für sich das Problem mit Papier und Bleistift rechnerisch zu lösen versucht. Robert hatte nachmittags resigniert, wurde aber von Susanne wieder gepuscht.

Es liegen also ganz unterschiedliche Verhaltensweisen und Reaktionen der fünf jungen Menschen vor. Fachlich gesprochen sind sie unterschiedlich motiviert. Die Bandbreite reicht vom höchsten Interesse bis zur widerwilligen Ärgerlichkeit. Wobei die unterschiedlichen Verhaltensweisen nicht nur aus den eigenen Persönlichkeiten, sondern auch stark aus den gegenseitigen Beeinflussungen entstanden sind.

Es gibt also drei Elemente und Faktoren, die uns Menschen motivieren oder demotivieren:

- die Aufgabenstellung, das Problem, das Ziel an sich, das wir vor uns haben
- die persönlichen Interessen daran
- die Einflüsse, die aus unserer Umgebung, aus unseren Kontakten und Beziehungen mit anderen Menschen kommen

Daher kann man sagen, Motivation ist nichts, was man in jedem Moment objektiv messen kann, sondern ein sich ständig verändernder Prozess, ein Ablauf, eine Entwicklung. Und das wie auf einer Achterbahn, manchmal steil nach oben, manchmal schnell nach unten, Loopings inbegriffen.

Wie würde es nun im Seminar weitergehen? Da verkündet der Leiter das richtige Ergebnis: 802. Verblüffte Gesichter. Auf dieses Ergebnis ist trotz aller Rechnerei und anderer Mutmaßungen noch niemand gekommen. Dieses richtige Ergebnis wird aber jetzt wiederum nicht erklärt. Somit bleibt für die Gruppe – ohne Aufforderung – die nächste Frage stehen: Wie kommt man bloß dahin? Für weitere Diskussionen und Auseinandersetzungen ist gesorgt.

Was Motivation ist

Wir unterscheiden grundsätzlich zwischen Selbstmotivation und Fremdmotivation. Obwohl beides den selben Gesetzen gehorcht, lässt sich das eine nicht durch das andere ersetzen. Denn da Menschen soziale Wesen sind und immer in Gruppen leben, wird wohl auch beides immer wirksam sein. Es gilt in jedem Fall eine gemeinsame Regel: Der Mensch braucht ein klares Ziel, eine Aufgabe, eine Herausforderung. Gleichgültig, ob er sie sich selbst setzt oder sie ihm gesetzt wird, muss sie erreichbar sein. Und zwar so, dass sie ihn weder hoffnungslos überfordert noch unterfordert. Würden wir von einem guten Schwimmer verlangen, dass er auf einer Strecke von fünfzig Metern nicht ertrinkt, wäre er unterfordert. Überfordert wäre hingegen ein Nichtschwimmer, wenn man von ihm verlangt, er solle hundert Meter Freistil unter zwei Minuten schwimmen. Ziele müssen der jeweiligen Fähigkeit eines Menschen und der entsprechenden Situation angepasst sein. In unseren Kursen beobachten wir oft, dass Menschen mit sich selbst unverantwortlich umgehen, indem sie sich ihre persönlichen Ziele zu hoch stecken, diese natürlich nicht erreichen und daher sich selbst als Versager erleben und bezeichnen.

Selbstverständlich sind Zielsetzungen auch mit terminlichen Vorgaben verbunden. Auf die Schule übertragen hieße das, dass eine total verhauene Mathe- oder Französischarbeit durch intensives Training beim nächsten Mal zu einer positiven Note führen kann.

Entscheidend aber ist, dass für die Erreichung eines gesteckten Ziels auch eine entsprechende Belohnung in Aussicht gestellt wird. Da steht eine reiche Bandbreite zur Verfügung: vom erhöhten Taschengeld bis zur öffentlichen Anerkennung durch Orden oder Medaillen wie z.B. im Sport. Belohnungen können dabei ganz unterschiedlich und individuell attraktiv sein. Gute Motivatoren (Trainer, Lehrer, Eltern, auch Freunde) wissen ihre Schützlinge schon aus Erfahrung mit dem angepassten Anreiz »zu nehmen«. Wer sich selbst motivieren will, muss darauf achten, dass er sich eine Belohnung aussucht, die auch wirklich realisiert werden kann. Die Belohnung soll tatsächlich eingelöst und nicht als nebensächlich weggewischt oder vergessen werden. So müssen die versprochenen 10 Euro bei der erfolgreichen Mathearbeit wirklich auf den Tisch. Es würde nicht reichen, wenn deine Eltern sagen würden, du hättest jetzt das Geld bei ihnen gut. Oder den Betrag gegen offene Schulden gegenrechneten. Da würde aus einem Motivationsvorgang eine Frustration werden.

Aus Erfahrung wissen wir, dass im Berufsleben und im Management hier oft die gröbsten Fehler gemacht werden. Vor allem leichtfertig ausgesprochene und später nicht gehaltene Versprechungen oder unklare Andeutungen führen sehr rasch zur Demotivation von an sich guten Mitarbeitern. Denn Motivationsarbeit ist in jeder Hinsicht Vertrauens-

arbeit. Wo Vertrauen gebrochen wird, werden Menschen seelisch verletzt. Motivation, ob Selbst- oder Fremdmotivation, ist immer eine höchst verantwortliche Sache. Sie kann Menschen zum Aufblühen und zu großen Leistungen führen oder andernfalls schwer schädigen.

Ein Beispiel aus der Schule: Ein Schüler, der in Rechtschreibung eine glatte Niete war, machte bei zweiseitigen Diktaten bis zu sechzig Fehler. Die Note 6 hatte er damit geradezu gepachtet. Mit einem Nachhilfelehrer begann er ein intensives Training. Mit großer Anstren-gung und viel Fleiß kam auch der Erfolg. Bei einem der nächsten Diktate sank die Fehlerzahl auf zwanzig, objektiv betrachtet eine gewaltige Verbesserung. Die Schule beurteilt Leistungen aber nur normativ, das heißt, sie richtet sich bei der Benotung nach einem Limit an Fehlern, und das lag für eine positive Note bei 12. Somit bekam der junge Mann eiskalt wiederum die Note 6. Das war für ihn deprimierend. Seine tatsächliche Leistung wurde von keinem der möglichen Motivatoren – Lehrer, Nachhilfelehrer, Eltern, Mitschüler – anerkannt. Im Gegenteil, der Nachhilfelehrer wurde wegen Erfolglosigkeit von den Eltern entlassen. Die Demotivation des Schülers war damit in Sachen Rechtschreibung für lange Zeit perfekt.

Regeln und wichtige Gedanken für die Motivation

- Motivation hilft

Gute Motivation ist in allen Situationen des Lebens eine wichtige Unterstützung. Motivation alleine reicht jedoch nicht aus, um Ziele zu erreichen. Denn dazu braucht es auch Kenntnisse, Fähigkeiten und die richtigen Werkzeuge. Einen guten Aufsatz in Englisch kann man mit Motivation alleine genauso wenig schreiben wie ein Flugzeug lenken. Du brauchst einen ausreichenden Vokabelschatz, solltest die Grammatik beherrschen und das thematische Wissen haben. Im anderen Fall eine profunde Pilotenausbildung und einen Flugschein.

Andererseits nützen die besten Kenntnisse und Fähigkeiten oft wenig, wenn die positive Motivation fehlt, also der Spaß und die Freude an der Sache. Da bleiben Leis-tungen meist unterdurchschnittlich.

- Erfolg und Anerkennung

Die am häufigsten zitierte Motivationsregel lautet: Nichts motiviert stärker als der Erfolg. Daher erfordert Motivations-arbeit vor allem positives Denken, Erfolgsbewusstsein und Optimismus anstelle von Ängstlichkeit, Pessimismus und Feigheit.

- Ziele sorgfältig setzen

Man darf sich nie überschätzen oder unterbewerten, sondern

muss zu jeder Zeit ehrlich überprüfen, welche Fähigkeiten und Kenntnisse man besitzt und welche noch erworben werden müssen. Gerade in diesem Punkt ist es gefährlich, sich durch falsches Lob und Schmeicheleien hochjubeln zu lassen oder sich durch abfällige Einschätzungen niederdrücken zu lassen.

Wichtig ist, sich oder anderen Ziele zu setzen, die mit entsprechender Anstrengung und solider Arbeit höchstwahrscheinlich erreichbar sind. Das erfordert stets (selbst-)kritische Urteilsfähigkeit und viel Sensibilität und Einfühlungsvermögen für andere und den Mut, zu sich selbst zu stehen.

- Erfolge belohnen

Eigene Erfolge und die anderer müssen anerkannt werden. Zumindest müssen sie offen als Lob ausgesprochen werden. Belohnungen sind einzufordern und auch zu geben. Kurz: Die Freude über einen Erfolg ist auszu-kosten. Aber Vorsicht! Völlig falsch ist es, aus dem Erfolgserlebnis, aus der Freude und aus dem Jubel heraus abzuleiten, man könne einfach alles. Das führt zu Überheblichkeit und möglicherweise zu einer kürzer- oder längerfristigen harten Bauchlandung.

- Trau dir etwas zu

Viel zu viele Menschen behaupten von sich selber, dass sie etwas nicht können, sich etwas nicht zutrauen oder dass sie in dieser oder jener Sache kein Talent hätten. So wie wir die

84

Schmackhaftigkeit einer Speise nicht beurteilen können, ohne sie gekostet zu haben, können wir nicht sagen, was wir alles nicht können, ohne es je versucht zu haben. Denn der Spaß an einer Sache kommt erst mit den ersten Erfolgen. Sag niemals nie!

Und wenn's schief geht? Man kann nicht immer gewinnen. Und es ist kein Malheur, wenn man einmal auf der Nase liegt. Entscheidend ist es, den Mut und die Kraft zu haben, wieder aufzustehen und die Sache neu anzupacken. Das Leben fährt mit uns Achterbahn. In solchen Fällen nimm jede Hilfe, die zu bekommen ist, und gib Hilfe, die du geben kannst.

Übrigens, wie war das mit dem Bücherwurm?

Der startet der durch das erste Blatt des ersten Bandes. Dieses liegt aber am rechten Rand des im Regal stehenden Buches und daher bleiben 99 Blätter unbeschädigt. Der Wurm nagt sich bis zum letzten Blatt des zehnten Bandes durch. Dieses

85

Blatt liegt am linken Rand des letzten Bandes. Bleiben also auch 99 Blätter dieses Bandes unbeschädigt. 1000 Blätter gibt es insgesamt, zweimal 99, also 198 werden nicht durchlöchert, somit haben tatsächlich 802 Blätter ein Loch.

Was Motivation nicht sein darf ...

Es gibt einen alten Kalauer:

Auf einer römischen Galeere kommt der Oberaufseher unter Deck und ruft den angeketteten Rudersklaven zu: »Männer, ich habe eine gute und eine schlechte Neuigkeit für euch. Welche wollt ihr zuerst hören?«

»Die gute natürlich«, rufen die Ruderer.

»Also: In fünf Minuten gibt es für alle eine Sonderration Wein, Brot und Käse.«

Die ausgemergelten Sklaven jubeln.

»Und jetzt die schlechte«, sagt der Oberaufseher. »In einer halben Stunde will der Kapitän Wasserski laufen.«

So geht's natürlich auch. Wo Druck, totale Abhängigkeit, Diktatur herrscht, genügen ein bisschen Zuckerbrot und viel Peitsche, um Menschen zur Hochleistung zu bringen. Mit Terror und Gewalt kann man ganze Völker dazu bringen, blutigste Schandtaten zu verüben. Aus einfachen Menschen werden Killer gemacht, die andere zusammenschießen, vergewaltigen, die Häuser niederbrennen, Napalmbomben abwerfen. Wer würde so etwas von sich aus tun? Da braucht es schon ein gehöriges Maß an Verhetzung und Aufwiegelung. Begriffe wie Nation, Volk, Rasse, Gott und Vaterland werden missbraucht, damit Hunderttausende mit blanken Waffen aufeinander losgehen. Nein, wir reden nicht nur über die beiden großen

Weltkriege, sondern auch über die zahlreichen Kriege, die derzeit auf der Erde wüten.

Es kann brandgefährlich sein, wenn Menschen zu »Helden« erzogen werden. Selbstverständlich gibt es echtes Heldentum. Dort, wo Menschen mit großem Wagemut sich für andere einsetzen und Leben retten. Aber die »Motivationstechnik«, die Menschen dazu bringt, hinter Fahnen herzulaufen, andere zu erniedrigen und sich selbst für die Größten auf dieser Erde zu halten, die lehnen wir ab.

In den vergangenen Jahrzehnten gab es auch im Management Tendenzen, die Steigerung von Leistungsfähigkeit bis hin zur Verbohrtheit und Betriebsblindheit für etwas Erstrebenswertes zu halten. In Japan gab es Unternehmen, wo alle morgens auf dem Werkhof antreten mussten, um sich mit Sprechchören einzustimmen und dann die Firmenhymne zu singen. Eine Methode, die international oft kopiert wurde. die wir aber nicht befürworten können.

Motivation hin oder her – in einer freien Gesellschaft, in einer Demokratie muss jeder Mensch ein Selbstbestimmungsrecht haben. Er darf nicht »konditioniert« werden, wie das in der Fachsprache heißt, also einseitig beeinflusst werden. Er muss die Fähigkeit haben, kritisch zu entscheiden und gut und böse, richtig und falsch selbst auseinander halten zu können.

Über das Team

Alle für einen und einer für alle!
Bist du teamfähig?

Kannst du Freunden, die mit Problemen, Sorgen und Nöten zu dir kommen, aufmerksam und gut zuhören?

☐ ja, immer	0 Punkte
☐ nicht bei allen	2 Punkte
☐ das nervt mich	8 Punkte
☐ ich hab mit mir selbst genug zu tun	10 Punkte

Meine Probleme löse ich

☐ am liebsten mit anderen zusammen	0 Punkte
☐ nur mit wenigen Vertrauten	6 Punkte
☐ mit anderen, wenn ich selbst keine Lösung finde	2 Punkte
☐ allein oder gar nicht	10 Punkte

In meinem Freundeskreis

☐ sind alle wie ich	8 Punkte
☐ ist keiner wie ich	2 Punkte
☐ sind die unterschiedlichsten Typen	0 Punkte
☐ ich brauche keine Freunde	10 Punkte

91

Im Umgang mit meinen Freunden ist mir wichtig, dass

☐ wir immer einer Meinung sind   8 Punkte

☐ wir vieles gegensätzlich diskutieren   0 Punkte

☐ wir uns wieder versöhnen, wenn wir uns
heftig gezankt hatten   2 Punkte

☐ jeder rausfliegt, der nicht dazu passt   10 Punkte

Wenn wir gemeinsam etwas unternehmen,

☐ übernehme ich die Führungsrolle   6 Punkte

☐ ist mir alles recht   10 Punkte

☐ mache ich nur mit, wenn man mich
überzeugt hat   2 Punkte

☐ versuche ich immer meinen Kopf
durchzusetzen   8 Punkte

Im Zoo begeistern mich folgende Tiere:

☐ Affen   4 Punkte

☐ Elefanten   0 Punkte

☐ Krokodile   6 Punkte

☐ Adler und andere Raubvögel   10 Punkte

Mein Lieblingsmärchen war oder ist

☐ Die Bremer Stadtmusikanten   0 Punkte

☐ Der gestiefelte Kater   4 Punkte

| ☐ Schneewittchen | 2 Punkte |
| ☐ Das tapfere Schneiderlein | 8 Punkte |

Welche Sportart ist für dich attraktiv?
☐ Fußball	2 Punkte
☐ Eishockey	0 Punkte
☐ Fechten	4 Punkte
☐ Leichtathletik	6 Punkte
☐ Boxen	10 Punkte

Wenn Freunde Hilfe brauchen,
☐ gebe ich sie ihnen immer	2 Punkte
☐ gebe ich sie dann, wenn ich es kann	0 Punkte
☐ gebe ich sie nur, wenn mir dadurch kein Nachteil entsteht	8 Punkte
☐ müssen sie sich selbst aus der Patsche ziehen	10 Punkte

Welches von den folgenden fünf Sprichwörtern hältst du für das Klügste?
☐ Wer anderen eine Grube gräbt, fällt selbst hinein.	4 Punkte
☐ Hilf dir selbst, dann hilft dir Gott.	10 Punkte
☐ Wie du mir, so ich dir.	8 Punkte
☐ Niemand ist eine Insel.	0 Punkte
☐ Wer wagt, gewinnt.	2 Punkte

AUSWERTUNG

2 bis 32 Punkte

Ja, du bist ein guter Team-Player. Gerne übernimmst du dabei die Führungsrolle. Solange du der Einzige bist, der diese Rolle beansprucht, ist das für dich in Ordnung. Ist aber ein/e andere/r auch dafür geeignet, kann es zu Reibereien kommen. Hier gilt das alte Sprichwort vom Klügeren, der nachgibt. Und das solltest du sein, du hast nämlich auch andere wichtige Team-Qualitäten.

33 bis 68 Punkte

Glückwunsch! Dich kann man in jedem Team gut brauchen. Deine Ideen, dein Einsatz, deine Begeisterung reißen andere mit. Und bei alledem bist du locker und hast immer einen flotten Spruch drauf. Und was noch wichtiger ist, du hörst nie auf, bevor eine Aufgabe erledigt ist.

69 bis 80 Punkte

Du bist in einem Team ein wichtiger Stimmungsmacher. Häufig kommt es bei einer Teamarbeit zu Unstimmigkeiten, zu Unlust, Zweifeln oder Streitigkeiten. Du bist der/diejenige, der/die mit Witz und Humor solche Tiefen überwinden hilft. Du kannst aber noch wertvoller werden, wenn du lernst, Aufgaben auch von der ernsten Seite zu sehen und diese im Team richtig zu Ende zu bringen.

81 bis 98 Punkte

Auch wenn du daran zweifelst, du bist teamfähig. Du bist aber nicht der Typ, der pusht und powert. Dafür übernimmst du umso besser jede Art von Hilfestellung und Unterstützung. Die anderen bauen darauf und schätzen dich. Bleib also nicht außen stehen, sondern mach mit. Du wirst dabei immer etwas Wichtiges lernen und dein Selbstvertrauen stärken.

95

Alle ziehen am gleichen Strang.
Auch in dieselbe Richtung?

Herr und Frau Obermann haben ein Opernwochenende in einer Festspielstadt geschenkt bekommen und brechen zu einem verlängerten Wochenende auf. Ihr Sohn darf ausnahmsweise zu Hause bleiben und hat Stein und Bein schwören müssen, dass er den Familiensitz in Ordnung hält. Einen Freund dürfe er durchaus einladen, wenn es gesittet zugehe. Dementsprechend hat Lorenz bereits am Donnerstagnachmittag seine ganze Clique informiert, dass Freitag abends um sieben Uhr bei Obermanns eine Riesenfete steigt. So geschieht es, jeder bringt was mit: Getränke, Chips, Salate, Pizza und CDs, Computerspiele und weitere Freunde.

Kurz nach der elterlichen Abfahrt ist bei Obermanns Full House, doch um 22 Uhr klingelt das Telefon, gerade als die Partygäste begonnen haben, sich gegenseitig mit Schokoladenpudding zu bewerfen. Herr Obermann teilt dem Sohn mit, dass die Eltern in spätestens einer halben Stunde zurück sein werden; sie hätten sich beim Termin um eine Woche geirrt.

Sofort wirft sich der Gastgeber schreiend in die Schlacht: »Schluss, aus, die Alten kommen zurück.« Anders als bei der perfekten organisatorischen Vorbereitung bricht die Gemeinde jetzt völlig auseinander. Fluchtartig verlassen die Freunde die umdekorierte Szene und den hilflosen Gastgeber. »Es geht nichts über ein perfektes Teamwork«, waren die letzten Worte von Lorenz Obermann.

»Wie wünschen sich junge Menschen ihre zukünftige Arbeit?« Eine Meinungsumfrage ergab folgendes:

Arbeit soll

- abwechslungsreich sein
- kreativ sein
- im Team erfolgen

Der Begriff Team hat also einen hohen Stellenwert in unserer Arbeitswelt. Im Team, so die allgemeine Ansicht, können wir schwierige Probleme leichter lösen und genießen auch gegenseitige Anerkennung, Hilfe und Unterstützung. Niemand bleibe allein und nur auf sich gestellt. Als »Einzelkämpfer« habe man es schwer, im Team sei man geborgen und gut aufgehoben. So weit die positiven Erwartungen und manchmal auch geradezu romantischen Vorstellungen von der Teamarbeit. Wenn ein Team auch wirklich eines ist, das heißt nach ganz bestimmten Regeln zusammenarbeitet und miteinander umgeht, dann kann das auch so sein ...

Andererseits gibt es die so genannte Team-Lüge. Die liegt dann vor, wenn man einer Gruppe von Menschen, die in der selben Firma, im selben Büro oder im selben Verein arbeiten, das Etikett Team umhängt. Das klingt sehr gut, stellt im ersten Moment zufrieden und ist werbewirksam, aber es be-

wahrheitet sich in den wichtigen Momenten nicht. Nämlich immer dann, wenn echte Schwierigkeiten und Probleme auftauchen. Es dauert eben seine Zeit, bis aus einer Gruppe von Menschen ein wirkliches Team entstanden ist.

Wann ist ein Team wirklich ein Team oder Was macht das Team aus?

● Eine überschaubare Gruppe

Ein Team ist eine überschaubare Gruppe von Menschen, die an einem gemeinsamen Ziel, einem gemeinsamen Projekt, einer gemeinsamen Aufgabe arbeiten. Und zwar so, dass sie es auch nur gemeinsam erreichen können und wollen. Vergleichen wir diese Überlegung mit einer Schulklasse. Am Ende eines Schuljahres erhalten hoffentlich viele ein positives Zeugnis und damit die Versetzung. Der eine oder die andere aber leider nicht. Somit haben diese ihr Ziel verfehlt. Würde eine Schulklasse aber in Team-Qualität arbeiten, dann hieße das: Alle schaffen den Abschluss oder keiner. Leistungen, Tests, Prüfungen oder Arbeiten müssten gemeinsam in der Gruppe erbracht werden, Lernen und Üben wäre stets ein gemeinsames Tun. Das klingt sehr schön, würde aber in der Praxis ungewohnte Anstrengungen erfordern. Der Kampfruf der berühmten Drei Musketiere: »Einer für alle, alle für einen!« ist tatsächlich das ideale Motto eines Teams, der so genannte richtige Teamgeist.

98

● Teamgeist

In einem guten Team sind nun keineswegs Menschen mit großen Ähnlichkeiten oder gleichen Fähigkeiten zusammengebunden. Eine gute Mischung von unterschiedlichen Charakteren und Mentalitäten sowie Fachkenntnissen ist eine wichtige Voraussetzung für ein gutes Team. Es ist deshalb mehr als verständlich, dass immer wieder Meinungsverschiedenheiten und Gegensätze entstehen. Entgegen der landläufigen Ansicht, die immer nach Harmonie sucht, entstehen gerade aus diesen inneren Gegensätzen und Unterschieden Energien, Ideen und gegenseitige Anregungen, die ein Team zum Ziel führen. Die Voraussetzung ist allerdings, dass die Auseinandersetzungen offen geführt werden und nicht hinterrücks und gegeneinander. Und dazu ist wichtig, dass sich alle Teammitglieder gegenseitig verpflichtet fühlen.

● Team-Kommunikation

Dieser Fachbegriff bedeutet schlicht und einfach, dass in einem funktionierenden Team jeder mit jedem offen und ehrlich reden kann und darf. Und dass alle Teammitglieder, auch wenn sie nicht am selben Ort tätig sind, ständig miteinander Verbindung halten. Die Forderung und die Kunst dabei ist es, die gegenseitigen Informationen richtig zu gestalten. Wenn jeder über SMS, E-mails oder Handygespräche die anderen mit Info-Schrott überhäuft, dann kann man das kaum produktiv oder wertvoll nennen. Im Gegenteil, es ist störend und hemmend. Entscheidend ist es, die richtigen Nachrichten

und Informationen im richtigen Zeitpunkt in Kürze weiter-
zugeben. Jeder im Team ist dafür zuständig und verantwortlich.

● Team-Vereinbarung

Wirklich zu funktionieren beginnt ein Team dann, wenn
gemeinsame Regeln vereinbart sind, die auch akzeptiert und
umgesetzt werden. Dazu gehört außer dem Umgang mit
Konflikten und Informationen die Qualität, dass Fehler,
Schwächen oder Versagen von Einzelnen in gegenseitiger
Hilfestellung ausgeglichen werden. Aber gleichzeitig wird
jedes Teammitglied gefordert. Wenn jemand nicht mehr mit-
ziehen kann oder will, dann wird ein Team nicht zögern, dieses Mitglied auszuschließen. Vergleichbare Situationen im
Sport erleben wir regelmäßig. In der Wirtschaft sind die
Anforderungen an den Einzelnen in guten Teams sehr hoch.
Von behaglicher Gemütlichkeit ist keine Rede. Wer glaubt, er
könne sich in einem Team verstecken, der merkt rasch, dass
dies nicht möglich ist.

● Ein Team muss werden

Es gibt den geborenen Einzelkämpfer und es gibt den begna-
deten Team-Arbeiter. Diese Behauptung muss jedoch hinterfragt werden. In Wirklichkeit ist jeder Mensch von Geburt an
zur Zusammenarbeit und zum Zusammenleben geschaffen,
denn wir sind soziale Wesen. Nur unterschiedliche Lebens-
wege, Erziehung und Ausbildung führen uns in die eine oder

100

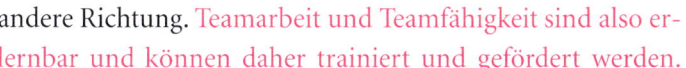

andere Richtung. Teamarbeit und Teamfähigkeit sind also erlernbar und können daher trainiert und gefördert werden. Viele moderne Schulen haben mit Projektunterricht, Lerngruppen und dergleichen gute Ansätze in diese Richtung. In großen Firmen oder Organisationen wird viel Wert auf das Training von Teamarbeit und Teamfähigkeit gelegt.

Alle Qualitäten eines guten Teams müssen im Team erarbeitet und gelernt werden. Der Einzelne gewinnt dadurch viel Selbsterfahrung. Sowohl das Team als auch die Teammitglieder befinden sich dabei in einem ständigen Prozess der Veränderung, hoffentlich zum Besseren.

Zwei Übungen

Wenn du und deine Freunde wissen möchtet, ob ihr ein gutes Team abgebt oder eines werden könntet, hätten wir zwei unterhaltsame Übungen anzubieten.

1. Das Kartenhaus

Man braucht einen Tisch, der frei im Raum steht, so dass man rundum daran arbeiten kann. Die Stühle werden zur Seite geräumt, weil im Stehen gearbeitet wird. Tischtücher sind zu entfernen, der Tisch soll eine ebene, glatte Arbeitsfläche bieten. Die Mitspieler – das Team! – bekommen nun als Material quadratische Bierdeckel. Originalverpackt, und

101

zwar zwei oder drei Packungen, so dass die Menge der Bierdeckel fest steht. Diese werden aber vorerst nicht übergeben, sondern nur ein Stück als Probemuster.

Das Team soll aus den vorhandenen Bierdeckeln auf dem Arbeitstisch innerhalb einer vorgegebenen Zeit einen Turm bauen.

Es geht dabei darum, mit möglichst wenig Bierdeckeln so hoch wie möglich zu bauen. Die Bierdeckel dürfen aber nicht geknickt, eingerissen oder sonst verändert werden, Kleber und Nadeln sind verboten. Die Bautechnik entspricht der eines Kartenhauses. Turmbau durch reine Stapelung von Bierdeckeln ist nicht erlaubt.

Bevor die Arbeit beginnt, muss das Team einen Plan ausarbeiten und ein Ziel definieren. Wie viele Etagen können innerhalb von 15 Minuten gebaut werden? Wie viele Bierdeckel werden dazu benötigt? Für die Planung bekommt das Team maximal 30 Minuten Zeit. Das Ziel wird schriftlich festgehalten.

Der nächste Schritt ist die praktische Ausführung. Die Bierdeckel werden übergeben und auf los geht's los, die Uhr, am besten ein Küchenwecker, läuft. Nach Ablauf der Zeit oder auch schon vorher, wenn die Gruppe ihr Ziel erreicht hat, treten alle vom Tisch zurück, und das Gebäude, wie immer es auch aussieht, muss eine Minute lang stehen bleiben, ohne in sich zusammenzufallen.

Es gibt zweierlei Auswertungen:

- die messbare Leistung

Wie viele Bierdeckel hat das Team tatsächlich gebraucht, wie hoch ist der Turm wirklich geworden, ist wirklich ein Turm entstanden, in welcher Zeit wurde das Ergebnis oder das Scheitern erzielt? Denn es ist durchaus möglich, dass das Team die 15 Minuten gar nicht braucht oder nach Ablauf der Zeit der Turm innerhalb einer Minute wieder zusammenfällt. Aus dem Vergleich mit dem Plan geht hervor, ob das Team besser, schlechter oder genauso wie geplant ans Ziel gekommen ist. Das ist ein wichtiges, aber nicht das ausschließliche Merkmal für die Art und Weise der Zusammenarbeit.

- die Erfahrungsebene

Sie erfordert ein hohes Maß an Disziplin, denn jeder gibt den anderen ein so genanntes Feedback. Das heißt, er teilt der Runde seine Erlebnisse und Erfahrungen aus dem Arbeitsprozess mit. Die anderen hören schweigend zu.

Dann folgt eine Gruppendiskussion, die den Ablauf der Übung analysiert. Dabei sind folgende Fragen interessant: Wer hat bei der Planung oder bei der Durchführung die Führungsrolle übernommen? Gab es offene oder stille Konkurrenzkämpfe? Wenn ja, zwischen wem? Wer hat welche persönlichen Fähigkeiten und Stärken, z.B. manuelle Geschicklichkeit, Ruhe und Bedacht, Überblick oder konstruktives Denken gezeigt? Wer hat sich und anderen durch persönliche

103

Eigenschaften wie Nervosität, Ungeduld, Unsicherheit oder Zweifel Probleme verursacht?

Solch ein Gespräch ist nicht leicht, wenn man es ehrlich und ohne Gereiztheit führt, und es zeigt uns etwas über unsere Fähigkeiten, miteinander konstruktiv im Team umzugehen.

Wenn es den Teilnehmern gelingt, sich zu einer Wiederholung der Übung zu motivieren und dann mit den selben Spielregeln ein besseres Ergebnis erzielt wird, ist der erste Schritt zu einer Entwicklung zum Team vollzogen. Gehen alle zerstritten vom Tisch, wird sich in dieser Zusammensetzung wohl ohne weiteres kein echtes Team entwickeln können.

2. Der heiße Draht

Diese Übung verlangt viel gegenseitiges Vertrauen und körperliche Sicherheit, um sich nicht zu verletzen. Jeder übernimmt persönliche Verantwortung für die ganze Gruppe.

Ihr braucht nur eine Schnur oder ein dünnes Seil. Dieses wird etwa brusthoch quer durch den Raum gespannt. Im Zimmer genügen als Befestigungspunkte zwei Stühle, die auf gegenüberliegenden Tischen, ca. 4 Meter auseinander, stehen. Wichtig ist, dass auf beiden Seiten der gespannten Schnur auch ausreichend Bewegungsfreiheit und ein rutschsicherer Boden gegeben ist. Weil das einen großen Raum erfordert, wird es einfacher sein, diese Übung auf dem Rasen durchzuführen. Als Befestigungspunkte könnten zwei Bäume dienen.

Das Team tritt auf einer Seite der gespannten Schnur an und hat die Aufgabe, den »Heißen Draht« zu überwinden. Ziel ist es, dass alle Mitspieler sicher und wohlbehalten auf der anderen Seite ankommen.

Dabei gelten folgende Regeln:
- Die Überquerung darf nur oberhalb der Schnur erfolgen.
- Die Schnur darf nie und in keiner Art und Weise berührt werden.
- Das Umgehen der Barriere ist verboten.
- Verboten ist es ebenfalls, sich unterhalb der Schnur auf der anderen Seite abzustützen.
- Die Schnur darf von jeder Person nur einmal überquert werden. Es gibt also kein taktisches Zurück.
- Gegenseitige Hilfestellung ist erlaubt.
- Die Verwendung von Hockern, Leitern und dergleichen ist nicht gestattet.

Eine Zeitvorgabe wird hier aus Sicherheitsgründen nicht gegeben.

Der erste Versuch bei dieser Übung ist beendet, wenn alle die Überquerung unter Einhaltung der Spielregeln geschafft haben. Die Übung gilt als gescheitert, wenn eine Spielregel verletzt wurde, insbesondere wenn der »Heiße Draht« berührt wurde. Oder wenn das Team aufgibt, weil die vollständige Überquerung nicht gelingt.

Beim Auswertungsgespräch sind folgende Punkte wichtig:
Wie viel Zeit wurde in Überlegung und Planung investiert und wie stand diese im Verhältnis zur Durchführung der Übung? Wurde anschließend nach einem Konzept gearbeitet oder erfolgte die Ausführung spontan? Wurden vorbereitende Versuche angestellt und mehrere Alternativen durchdacht und ausprobiert? Wer hat welche Rolle übernommen? Wer hat die Führungsrolle übernommen und wie wurde dies von den anderen akzeptiert? Wer hat sich vertrauensvoll von anderen helfen lassen? Wer hat Ideen zur Lösung eingebracht? Wer hat die Gruppe angespornt? Wo gab es Grund für besondere Heiterkeiten? Was war unangenehm?
Es gelten die gleichen Gesprächsregeln wie beim vorigen Experiment.
Auch gilt es, in einem zweiten Versuch die gewonnenen Erfahrungen so umzusetzen, dass eine Verbesserung für jeden erkennbar ist.

Team – ein bisschen Sprachgeschichte

Das Wort »Team« kam aus dem Englischen ungefähr zu Beginn des 20. Jahrhunderts zu uns. Es wurde mit dem Sport, vor allem dem Fußball, »über den Kanal« importiert. Team heißt auch heute noch die Mannschaft bei allen Mannschaftssportarten. Team nennt man aber auch das Kader von Einzelsportlern, die z.B. für eine Nation antreten – das »Olympiateam«. In der zweiten Hälfte des 20. Jahrhunderts bekam dann das Wort noch eine andere spezifische Bedeutung, die weniger angenehm ist. Vor allem im Vietnamkrieg haben die amerikanischen Streitkräfte für den Kampf im Dschungel und hinter den feindlichen Linien spezielle Kampftruppen zusammengestellt. Diese »Rambos« wurden je nach Gruppengröße und Aufgabe »A-Teams« oder »B-Teams« genannt. Überhaupt hat sich die Wirtschaft aus dem Kriegs- und Militärwesen die Technik der Teambildung abgeschaut.

Das Wort »Team« ist aber in Wirklichkeit gar nicht englisch. Es kam im Frühmittelalter mit den germanischen Stämmen der Angeln, Saxen und Jüten auf die Britische Insel. Diese Angelsachsen, wie die Engländer heute noch gern bezeichnet werden, verwendeten das Wort t e a m für »ein Ochsengespann! Später bekam es zusätzlich die Bedeutung von Familie und Stamm.

Vor allem im Amerikanischen werden heute noch alle Tiergespanne für Kutschen oder Hundeschlitten »team«

genannt. Und auch im Deutschen ist das alte Wort t e a m erhalten geblieben. Es versteckt sich im Wort »Zaum« und »zäumen«. Im Schwedischen ist das noch deutlicher zu erkennen: »töm« bedeutet dort Zügel.

Ist der Vergleich mit alten Bedeutungen nur einfach lustig oder sogar widersprüchlich?

In diesem Fall keineswegs. Jeder Pferdefreund, der auch Kutschenfahren kann, weiß, wie wichtig es ist, ein Gespann, seien es zwei, vier oder sechs Pferde, richtig zusammenzustellen. Jedes Tier in einem Gespann hat andere Eigenschaften, besondere Fähigkeiten oder Stärken. Das klügste Pferd muss vorne laufen, weil es den Kutscher am besten versteht. Zugstarke Tiere mit viel Startkraft müssen vor solche gespannt werden, die erst während der Fahrt ihre Ausdauer bringen. Nervöse und sensible Tiere müssen mit nervenstarken und ruhigen Partnern zusammengespannt werden. Und, und, und – es ist eine Wissenschaft. Und es dauert, bis ein Gespann wirklich gut zusammenarbeitet und funktioniert.

Über Konflikte

Kannst du dich durchsetzen und behaupten?

Welche Automarke gefällt dir am besten?

☐ VW   2 Punkte
☐ Audi   4 Punkte
☐ BMW   6 Punkte
☐ Porsche   8 Punkte
☐ Ich hasse Autos, weil sie die Umwelt
    verpesten   0 Punkte

Wenn ich etwas Besonderes haben will, dann

☐ schreibe ich Wunschzettel an das Christkind
    oder an den Weihnachtsmann   2 Punkte
☐ spare ich eisern, bis ich es mir selbst
    kaufen kann   6 Punkte
☐ nerve ich meine Eltern, bis sie es mir
    schenken   8 Punkte
☐ leihe ich mir Geld von Oma und
    stottere es dann ab   4 Punkte
☐ hake ich den Wunsch für mich ab,
    weil ich es sowieso nicht bekomme   0 Punkte

? Wenn Freunde streiten, dann
?   ☐ mische ich mich grundsätzlich
?   nicht ein   0 Punkte
?   ☐ versuche ich zu schlichten, auch wenn
?   ich »Ohrfeigen« dafür einstecken muss   8 Punkte
?   ☐ mische ich gleich kräftig mit   2 Punkte
?   ☐ helfe ich immer dem Schwächeren   4 Punkte
?
?
? Wenn mich jemand ärgert, dann
?   ☐ gehe ich sofort die Wände hoch   4 Punkte
?   ☐ zahle ich es ihm mit gleicher
?   Münze zurück   2 Punkte
?   ☐ schließ ich mich in meinem Zimmer
?   ein und heule   0 Punkte
?   ☐ wünsche ich mir, Bud Spencer zu sein   6 Punkte
?   ☐ sinne ich auf heimliche Rache   0 Punkte
?
?
? Wer gut streiten kann, sollte folgenden Beruf wählen:
?   ☐ Lehrer   4 Punkte
?   ☐ Rechtsanwalt   8 Punkte
?   ☐ Pfarrer   6 Punkte
?   ☐ Polizist   2 Punkte
?   ☐ Manager   10 Punkte
?
?

Ich streite

☐ täglich   10 Punkte
☐ einmal in der Woche   8 Punkte
☐ nie   0 Punkte
☐ nur, wenn es unbedingt sein muss   4 Punkte
☐ nur mit Schwächeren   2 Punkte

Nach einem Streit fühle ich mich

☐ besser   8 Punkte
☐ hundeelend   2 Punkte
☐ ziemlich blöd   0 Punkte
☐ richtig aufgebaut   10 Punkte

Wer ist wirklich mutig?

☐ ein Boxweltmeister   6 Punkte
☐ ein Sozialarbeiter   8 Punkte
☐ ein Fallschirmspringer   10 Punkte
☐ ein Dachdecker   2 Punkte
☐ ein Schauspieler oder eine
    Schauspielerin   4 Punkte

Verzeihen kann ich

☐ niemandem   0 Punkte
☐ nur besten Freunden   6 Punkte

☐ jedem, der mich darum bittet   10 Punkte
☐ eigentlich nur mir selbst   2 Punkte

Wenn ich im Unrecht bin,
☐ gebe ich es nicht zu   2 Punkte
☐ gebe ich es erst zu, wenn es nicht mehr
  anders geht   6 Punkte
☐ entschuldige ich mich sofort   8 Punkte
☐ werde ich wütend   4 Punkte
☐ ich bin nie im Unrecht   0 Punkte

AUSWERTUNG

4 bis 20 Punkte

Dich durchzusetzen, ist nicht gerade deine Stärke. Wenn dir Unrecht getan wird, hoffst du, dass dir jemand zu Hilfe kommt. Manchmal merkst du gar nicht, dass dir Unrecht getan worden ist. Deshalb sag es laut, wenn du dich ungerecht behandelt fühlst. Und zwar nicht irgendjemandem, sondern denen, die dich ärgern. Du wirst sehen, es hilft oft. Auf jeden Fall fühlst du dich hinterher besser.

21 bis 40 Punkte

Dich zu behaupten und wenn nötig sogar einen Streit zu beginnen, ist sicher nicht deine Art. Aber wenn es sein muss, kannst du durchaus kämpfen. Achte besonders darauf, dass du nicht zu lange geduldig bleibst. Es könnte sonst passieren, dass du dann mit deiner aufgestauten Streitlust den Falschen triffst und dich bei jemandem abreagierst, der gar nichts mit der Sache zu tun hat.

41 bis 60 Punkte

Du weißt, dass Streiten nichts Negatives ist, und du hast auch schon erfahren, dass dabei Gefühle wie Wut und Zorn hochkommen. Aber du hast gelernt, dass sich das nach einiger Zeit

wieder gibt und es wichtig ist, seine Meinung zu sagen und seine Wünsche zu äußern, auch wenn andere das ganz anders sehen.

61 bis 88 Punkte

Du weißt, was du willst, und du bekommst es auch. Da du keinem Streit aus dem Wege gehst, bis du sicher bei einigen Freunden anerkannt und bei anderen weniger beliebt. Richtig, wer etwas erreichen will, muss sich dafür auch einsetzen. Bedenke, dass der oder die andere/n jedoch das gleiche Recht wie du selbst haben. Vermeide Streit um des Streitens willen, sondern führe ehrliche Auseinandersetzungen. Und vor allem – lerne zu verlieren!

Super-Zoff und Ultra-Stress
Wie managen wir Konflikte?

Seit Wochen ist Lorenz Obermann in eine Schülerin der Nachbarklasse verknallt. An Anette findet er alles super, von den schrillen Sportschuhen bis zu ihrem entzückenden Lispeln. Aber wann immer er in ihre Nähe kam, glühten ihm zwar die Ohren, doch fehlte der Mut zur Ansprache.

Sebastian, Lorenz' bester Freund, hatte zu Anette bessere Kontakte, denn sie fuhren jeden Morgen mit dem Bus gemeinsam zur Schule. Während einer dieser Fahrten gestand Anette Sebastian, dass sie sich unsterblich in Lorenz verliebt hätte, aber ihm nichts davon zu sagen wage. Sebastian dürfe kein Sterbenswörtchen verraten, sonst bräche sie ihm das Genick.

Sebastian hatte daher nichts Eiligeres zu tun, als Lorenz haarklein davon zu berichten. Worauf dieser mit aufwallenden Glücksgefühlen vor Anettes Wohnungstür auftauchte und sie herausläutete. Dann trug er ihr strahlend vor, dass er alles wisse. Und während er nun erwartete, die schöne Anette würde ihm filmreif an die Brust sinken und fortan mit ihm Hand in Hand durchs Leben, zumindest aber bis zum nächsten Hamburger-Tempel gehen, stieß die Angehimmelte nur zischende Schmähworte aus und warf ihm die Tür vor der Nase zu.

Vom Donner gerührt und schmerzlich getroffen, äußerte Lorenz seine grundsätzlichen Zweifel an der geistigen Zurechnungsfähigkeit des anderen Geschlechts, während er den Sebastian schier erwürgte. Doch dieser blieb cool. »Obi«, sagte er, »du musst verstehen, jede gute Beziehung braucht zuerst einmal einen heftigen Konflikt.«

Konflikte sind weder etwas Verbotenes, noch etwas Böses an sich. Sie sind im menschlichen Zusammenleben und Zusammenarbeiten völlig natürlich. Psychologen bezeichnen Konflikte geradezu als das Salz des Lebens. Dieser Vergleich sagt schon eine Menge aus: Zu viel Salz in der Suppe macht diese ungenießbar, salzlos schmeckt sie wiederum fad. Wie so oft kommt es auf die richtige Dosierung an. Grundsätzlich werden Konflikte in zwei große Bereiche aufgeteilt: in Sachkonflikte und persönliche Konflikte. Als Sachkonflikt bezeichnen wir Streit um vornehmlich materielle Dinge (Taschengeld, Benutzung des einzigen Fahrrads, Ausgaben für ein Handy etc., aber auch unterschiedliche Interessen und Ziele). Persönliche Konflikte sind Auseinandersetzungen rein emotionaler, also gefühlsmäßiger Art, in denen es um Beziehungsfragen zwischen Menschen geht. Schön wäre es, wenn man das immer sauber voneinander trennen könnte. Denn tatsächlich mischen sich diese beiden Ebenen – die Sachebene und die Beziehungsebene – ständig. Und je heftiger ein Konflikt ist, desto mehr durchdringen sich beide Ebenen und umso mehr verhaken sich die

Gegner, die wir fachlich die Konfliktparteien nennen. Wo aber die Wogen hoch gehen, wo Zorn und Wut bis hin zum körperlichen Angriff im Spiel sind, da besteht so gut wie keine Chance, diesen Konflikt sachlich anzupacken, geschweige denn zu lösen. Selbstverständlich gibt es überall bei der Austragung von Konflikten durch Einsatz von Macht und Gewalt Sieger und Verlierer. Dies ist aber sicher die schlechteste aller Methoden und Lösungen, denn sie beinhaltet bereits neue Konflikte. Ob im kleinsten privaten Kreis oder in der großen Weltpolitik ist es nun einmal so, dass jeder Verlierer sich bei der nächsten Gelegenheit rächen wird. Dabei zeigen Konfliktpartner eine geradezu erstaunliche Geduld; oft spielen Jahre oder Jahrzehnte überhaupt keine Rolle.

Das führt häufig so weit, dass es »Prügeleien« gibt, bei denen die Kämpfer gar nicht mehr sagen können, worin der ursprüngliche Anlass und die Ursache bestanden. Du kannst es auf Schulhöfen genauso gut beobachten wie im Nahen Osten oder in Irland. Wir sprechen hier von »verfestigten Feindbildern«. Das heißt, dass die anderen, die Gegner, immer und um jeden Preis und ohne jede Überprüfung oder Hinterfragung grundsätzlich als die Bösen bezeichnet und gesehen werden.

Konfliktmanagement, also das richtige Umgehen und das erfolgreiche Lösen von Streit und Auseinandersetzungen, gehört daher zu den wichtigsten, aber auch schwierigsten Techniken im weiten Bereich des Managements.

Menschen, die dafür besonders ausgebildet wurden und in diesen Aufgabenbereichen arbeiten, nennt man mit dem Fachausdruck »Mediatoren«, was auf gut deutsch Vermittler heißt.

Eine kleine Geschichte mit Lösungsversuch

Die Freunde Oliver und Robert besitzen einen PC und haben natürlich auch Internet-Zugang. Jeder hat seine speziellen Hobbys und Interessen und manchmal surfen die Jungen auch die halbe Nacht durchs Netz. Was den Eltern selbstverständlich missfällt. Nun hat Oliver von einem neuen, tollen Spiel gehört. Robert war über andere Freunde daran gelangt und hat es Oliver gleich per Mail übermittelt. Der hat das Spiel sofort geöffnet, aber nach fünf Minuten ist sein PC total abgestürzt. Und zwar hoffnungslos, denn im Spiel verbarg sich ein bösartiger Virus. Der Schaden ist groß, weil Oliver ihn selbst nicht mehr beheben kann.

Dementsprechend groß ist der spontane Zorn auf Robert. Denn als Oliver Robert davon erzählt, meint dieser: »Bin ich froh, dass ich das Spiel noch nicht geöffnet habe, sonst wär mir das auch passiert.«

Jetzt geht Oliver endgültig an die Decke. Denn er unterstellt Robert, dass er ihn als Versuchskaninchen und Testpiloten benutzt habe. Und er verlangt Schadenersatz. Da verliert auch Robert die Ruhe und beginnt den wütenden Freund als un-

fähig zu beschimpfen. Binnen Minuten wird aus dem Wortgefecht ein handfester Konflikt. Die Kampfhähne trennen
sich nur langsam und wutschnaubend.

Zwei Tage später bricht bei Robert das Programm zusammen. Ursache vorerst ungeklärt. Aber Robert ist sich sofort
sicher, dass sich Oliver gerächt hat, indem er ihm heimlich
einen Virus zugemailt hat. Obwohl das sachlich gerechtfertigt
wäre, wird jetzt nicht mehr hinterfragt, nicht mehr geprüft
und auch nicht mehr diskutiert. Ab jetzt verhalten sich Oliver
und Robert wie Todfeinde. Der Konflikt ist somit eskaliert.
Was so viel bedeutet wie ausgeufert oder aus dem Ruder gelaufen.

Nach zwei Wochen »Eiszeit« beschließen Miriam und Susanne,
ihre Freundinnen, sich vermittelnd einzubringen. Wie könnten sie es wohl am besten anpacken?

Am Wichtigsten ist die Herbeiführung eines Gesprächs. Wobei es die Möglichkeit gibt, als Vermittler zuerst einmal mit
den Konfliktparteien Einzelgespräche zu führen. Sie können
aber nur dazu dienen, sich über den Vorgang und den Verlauf
der Auseinandersetzung einen Überblick zu verschaffen.
Falsch wäre es, aus diesen Einzelgesprächen bereits Schlüsse
zu ziehen oder Maßnahmen zur Lösung daraus abzuleiten.
Der nächste Schritt: die Parteien zu einem gemeinsamen Gespräch zusammenführen.

Dazu gelten folgende Bedingungen:

- Keine der Parteien darf zu diesem Gespräch gezwungen werden, das verhärtet nur die Fronten.
- Konfliktgespräche sollen wenn möglich auf neutralem Boden stattfinden, grundsätzlich nicht am Ort des Konflikts.
- Konfliktgespräche sollen nicht vor Publikum oder unbeteiligten Dritten abgehalten werden. Sie brauchen eine gewisse Ungestörtheit, damit die Möglichkeit von Vertrauensbildung besteht.
- Für solche Gespräche ist ein ausreichender Zeitrahmen sicher zu stellen. Es hätte keinen Sinn, ein Konfliktgespräch nach 10 Minuten unter- bzw. abbrechen zu müssen. Bei weiterführenden Gesprächen müsste dann immer wieder von vorne begonnen werden.

Schon das alles zu bewerkstelligen, kostet oft reichlich Mühe und viel Geduld. In der Welt der Wirtschaft oder der Politik kann das Wochen oder Monate dauern. Ist es aber so weit, sind weitere Regeln zu beachten:

- Jeder der Konfliktbeteiligten muss die Gelegenheit bekommen, sich »auszureden«. Unterbrechungen, Einwürfe, Zwischenrufe von der Gegenseite müssen strikte unterbunden werden.
- Anschließend kann die Gegenseite oder der Vermittler so genannte Verständnisfragen (»Wie meinst du das?«) stellen, aber keine Beurteilungen und keine Rechtfertigungen anbringen.

- Die persönlichen Darstellungen sollen in der Ich-Form
  erfolgen, nicht in der meist vorwurfsvollen Du-Form
  oder gar in der allgemeinen Man-Formulierung.

Um Konfliktparteien wieder miteinander ins Gespräch zu
bringen, gibt es einen einfachen Trick: Bevor ein Gesprächspartner auf die Aussagen seines »Gegners« antwortet, muss er
dessen Aussagen in eigenen Worten wiederholen oder
zusammenfassen; erst dann darf er seine eigenen Gedanken
aussprechen. Die gleiche Aufgabe hat auch der andere
Gesprächspartner.

Ein Gespräch ist besonders schwierig, wenn ein Konflikt
bereits heiß geworden ist; es erfordert viel Disziplin und
Aufmerksamkeit. Die Hauptarbeit liegt hier beim Vermittler.
Wenn es gelingt, führt ein solches Gespräch zum Abbau von
Aggressionen – und zwar auf beiden Seiten. Das Hauptziel
dabei ist nämlich, den Dampf aus der Auseinandersetzung
herauszulassen. Im besten Fall kühlen sich die Gemüter ab.
Die Konfliktgegner beginnen – ohne sich dessen bewusst zu
sein oder es offen zuzugeben –, gegenseitiges Verständnis
zu entwickeln. Was wiederum Grundlage dafür ist, dass man
langsam von der Gefühlsebene zur Sachebene übergehen
kann. Erst jetzt ergeben sich Chancen zu Lösungsansätzen
und Einigungsvorschlägen.

Solche Vorschläge sollen von beiden Seiten eingeholt werden und auch nicht vorschnell vom Vermittler eingebracht werden. Dabei gilt wieder: Lösungsvorschläge der Parteien dürfen nicht als gegenseitige Forderungen formuliert werden, sondern als etwas, das jeder von sich aus tun kann oder tun will. Also »Ich schlage vor, dass ich ...« und nicht »Ich verlange, dass du ...« und nicht »Wenn du dieses tust, dann tue ich jenes!«

Der Vermittler hat dabei ein taktisches Ziel, nämlich für die Einigung eine Patt-Situation herbeizuführen, eine »win-win-Situation«. Es müssen zuletzt beide Parteien etwas für sich gewonnen haben. Denn es wäre ganz schlecht, wenn einer als Sieger und der andere als Verlierer vom Tisch geht.

In der Fachsprache der Mediation sagt man, dass keiner der Gegner durch die getroffene Lösung das Gesicht verlieren darf. Über die Einigung muss daher von beiden Seiten Konsens – Übereinstimmung – entstehen. Häufig wird das am ehesten durch Kompromisse erzeugt, das heißt, jeder trägt etwas für den anderen bei und hat auch einen Vorteil davon.

Zurück zu unserem Beispiel: Haben es Miriam und Susanne geschafft?

Es hat seine Zeit gebraucht und es waren zuerst hektische Begegnungen. Miriam hat die Rolle des »Vorfelds« übernommen. Sie hat in Einzelgesprächen Oliver und Robert so weit gebracht, sich bei Susanne an einen Tisch zu setzen. Susanne gelang es, die immer wieder aufflammenden Vorwürfe der

Streithähne zu beruhigen. Tatsächlich kam es so weit, dass Robert und Oliver einsahen, dass keiner von beiden bösartig oder mutwillig das Unheil am PC herbeigeführt hatte. Dann war der Lösungsansatz zur Einigung nicht mehr schwierig. Oliver und Robert haben sich gegenseitig bei der Neuinstallierung ihrer Programme geholfen, die erforderlichen Kosten dafür brüderlich geteilt. Es gab – das ist sehr wichtig! – zum Abschluss einen Handschlag.

Übrigens: Aus heftigen Konfliktgegnern werden später oft starke Bündnispartner. Aber nur wenn es gelungen ist, eine win-win-Situation herzustellen.

Wer ist stärker: Ich oder Ich?

Eine scheinbar seltsame Frage, aber häufig das eigentliche Problem. Menschen allen Alters sind verletzlich. Wir fühlen uns manchmal provoziert, ungerecht behandelt oder falsch beschuldigt, beleidigt oder gekränkt, zurückgesetzt. Dann fühlen wir uns schlecht. Wir empfinden Ärger, Zorn, Trauer oder Wut. Nun gibt es manchmal Verhaltensweisen, dies »um des lieben Friedens willen« zu leugnen, zu verdrängen und runterzuschlucken. Das ist keine gute Methode, denn sie führt nur zum Aufbau von noch mehr Schmerz und Aggression.

Also immer gleich und spontan um sich schlagen? Das wäre auch unklug. Erfahrungsgemäß reagiert man dann sich

selbst und auch anderen gegenüber oft ungerecht. In der Psychologie spricht man von Überreaktion.

Für solche Situationen gibt es einige bewährte Tipps und Rezepte:

- Erst einmal eine Nacht darüber schlafen. Die Welt kann morgen anders aussehen; der, der dich heute gestresst hat, könnte dir morgen seine Zuneigung zeigen.

- Schreib dir deinen Kummer von der Seele. Das erleichtert, löst aber kein Problem endgültig. Früher vertrauten sich junge Menschen ihren geheimen Tagebüchern an. Das ist heute so gut wie aus der Mode gekommen. Aber ein Blatt Papier, das man hinterher vernichtet, tut's ja auch.

- Besser ist ein klärendes Gespräch mit einem Menschen, dem du vertraust. Das kann gut unter wirklichen Freunden stattfinden, aber manchmal gibt es auch Erwachsene, die du magst und die dir zuhören. Das hilft dir, verschafft Erleichterung und kann trösten. Und vielleicht erhältst du einen entscheidenden und wichtigen Rat.

 Um Konflikte wirklich anzupacken und zu lösen, gibt es aber nur einen Weg: das Gespräch mit dem Konflikt-Partner.
Wir wissen, dass dies Mut und Selbstbewusstsein erfordert. Doch wenn es dir gelingt, das Gespräch ruhig und sachlich zu führen, gibt es Chancen. Probier's doch einmal.

126

Was außerdem noch dazu gehört

Wir sind bis jetzt davon ausgegangen, dass Konfliktmanagement immer eine Lösung, nämlich die Beendigung von Konflikten anstrebt. Tatsächlich ist dies nicht immer so. Es gibt in der Wirtschaft wie auch in der Politik »Konfliktmanager« und »Konfliktmanagement«, das darauf ausgerichtet ist, Konflikte zu erzeugen und auszulösen.

Das kann in einigen Fällen sogar nützlich sein. In der Psychotherapie zum Beispiel ist es oft wichtig, Menschen an ihre inneren Konflikte heranzuführen, diese aufzudecken und auszuleben zu lassen. Das kann schmerzlich sein, aber manchmal ist es die einzige Möglichkeit, zu einer Heilung zu kommen.

Die Techniken der Wirtschaft und der Politik, Konkurrenten und gegnerische Lager so lange zu reizen, bis sie attackieren – also den Konflikt schüren – das geschieht leider auch. Wir persönlich lehnen dies entschieden ab.

Es gibt einige Konfliktformen mit bestimmten Bezeichnungen, die wir hier noch erklären möchten.

Offener Konflikt
Er ist den Konfliktgegnern bewusst, wenn auch nicht immer erklärbar. Er kann von Außenstehenden beobachtet werden, er wird ausgetragen. Das reicht vom Wortgefecht bis zur Prügelei, von gegenseitiger Beleidigung bis zum bewaffneten Kampf. Damit er »bearbeitet« und eingestellt oder gelöst wer-

den kann, braucht es die so genannten Eingreif- oder Bearbeitungstechniken. Denn mit Raufenden kann man nicht reden, ohne sie vorher zu trennen. Und laufende Kriege muss man zuerst – auch mit Gewalt! – militärisch stoppen. Waffenstillstände werden selten freiwillig geschlossen, sie müssen meist erzwungen werden. Aber vorher haben Friedensverhandlungen keinen Sinn. Das gilt auch im Privatleben.

Verdeckter Konflikt

Über den wissen die Konfliktgegner Bescheid, aber sie versuchen ihn vor anderen geheim zu halten. Trotzdem wird er so heftig wie möglich »unter der Decke« ausgetragen. Um solche verdeckten Konflikte zu tarnen, liefern sich die Gegner meist auch Neben- oder Ersatzkonflikte, die vom Hauptthema ablenken sollen. Militärisch nennt man so etwas »Scheingefechte«. Konflikte dieser Art sind schwer zu lösen, weil es die Konfliktgegner im Grunde genommen gar nicht wünschen. Die Lösung erfordert sehr viel Einfühlungsvermögen.

Stiller Konflikt

Dieser Konflikt, den man auch den »eingefrorenen Konflikt« nennt, ist den Konfliktpartnern bekannt. Aber er wird nicht ausgetragen. Vielleicht, weil auf beiden Seiten die Kräfte zu schwach sind oder der Mut dazu fehlt oder weil schon ein offener Konflikt gelaufen ist, der von einer höheren Autorität untersagt wurde. Aber dieser Konflikt ist nicht gelöst. Er könnte jederzeit offen ausbrechen.

Latenter Konflikt

»Latent« bedeutet »verborgen«. Dieser Konflikt ist sogar den Konfliktgegnern unbekannt. Er liegt in Situationen und in Formen der Zusammenarbeit wie ein Wurm im Apfel drinnen, aber noch kann ihn keiner sehen, spüren oder vermuten. Geschulte Konfliktmanager wissen trotzdem darüber Bescheid und unternehmen in der Führung von Menschen alles, um solche verborgenen Konflikte gar nicht aufkommen zu lassen. Denn dort, wo sie auftreten, herrscht im ersten Moment ungeheure Verwirrung, weil niemand mit ihnen gerechnet hat. Positives, also verhütendes Konfliktmanagement ist hier zwar das Schwierigste, aber auch das Wichtigste. Es dient zur Erhaltung von »Hausfrieden«, gutem Arbeitsklima und guter Stimmung, ob in Schule oder sonstwo.

Die für diesen Zweck verwendeten Techniken finden sich zu einem guten Teil in unserem Kapitel »Motivation«. Denn wo Menschen gut motiviert sind, ist die Gefahr, dass latente Konflikte aufbrechen, am geringsten.

Über
Projektmanagement

Träume und Ziele –
Hast du ausreichend Flausen im Kopf?

Wenn mir irgendeine Idee kommt,

☐ vergesse ich sie schnell wieder · 0 Punkte

☐ lasse ich sie mir ausreden · 3 Punkte

☐ schreibe ich sie auf einen Zettel und
verstecke ihn in meinem Geheimfach · 5 Punkte

☐ frage ich alle möglichen Leute, was
sie davon halten · 8 Punkte

Was ich einmal werden will,

☐ ist mir jetzt völlig egal · 8 Punkte

☐ weiß ich schon ganz genau · 5 Punkte

☐ bestimmt so wie mein Vater oder
meine Mutter · 3 Punkte

☐ traue ich mir eigentlich nicht zu · 0 Punkte

Beim Lesen bevorzuge ich

☐ Geschichten mit Happy End · 2 Punkte

☐ Abenteuer und Action · 4 Punkte

☐ Sciencefiction und Mystery · 6 Punkte

☐ Tragödien · 10 Punkte

☐ Comics · 8 Punkte

133

Du bist kreativ, wie setzt du es um?

- [ ] Ich surfe und chatte nächtelang
  durchs Internet.   8 Punkte
- [ ] Ich schreibe heimlich Gedichte.   4 Punkte
- [ ] Ich male und zeichne gerne.   6 Punkte
- [ ] Ich beobachte die Sterne.   2 Punkte

Wenn ich mir etwas vorgenommen habe,

- [ ] gehe ich es spontan an   2 Punkte
- [ ] fällt mir meist noch etwas anderes ein   0 Punkte
- [ ] plane ich sorgfältig   8 Punkte
- [ ] ziehe ich die Sache durch   10 Punkte

Mir ist langweilig, wenn

- [ ] ich in der Schule bin   4 Punkte
- [ ] ich allein bin   0 Punkte
- [ ] ich habe für Langeweile keine Zeit   10 Punkte
- [ ] langweilig sind nur andere   8 Punkte

Du gewinnst das große Los, was machst du mit dem
vielen Geld?

- [ ] eisern sparen   6 Punkte
- [ ] zu einem Anlageberater gehen   8 Punkte
- [ ] so viel wie möglich sofort ausgeben   0 Punkte

☐ mit lieben Menschen teilen   4 Punkte
☐ für wohltätige Zwecke spenden   2 Punkte

Für einen Tag hast du einen Wunsch frei, was möchtest
du tun?
☐ ein großes Schiff steuern   8 Punkte
☐ im Radio oder TV moderieren   10 Punkte
☐ einmal in der Firma meines Vaters Chefin sein   8 Punkte
☐ in einem Formel-1-Auto mitfahren   4 Punkte
☐ den ganzen Tag verschlafen   0 Punkte

Was hältst du für eine besonders gefährliche Arbeit?
☐ Raubtierdompteur   2 Punkte
☐ Hochspannungsmonteur   4 Punkte
☐ PsychiaterIn   8 Punkte
☐ HochleistungssportlerIn   6 Punkte
☐ Hausfrau/Hausmann   10 Punkte

Im Märchen von Schneewittchen würde ich gerne
folgende Rolle spielen:
☐ das Schneewittchen   2 Punkte
☐ den vierten Zwerg   8 Punkte
☐ den Prinzen   4 Punkte
☐ den Spiegel   10 Punkte

AUSWERTUNG

8 bis 30 Punkte

Du hast ganz schöne Flausen im Kopf. Macht nichts, der Einzige, der sie kennt, bist du selbst. Es ist schön zu träumen. Manchmal werden Träume auch wahr, aber leider viel zu selten. Versuche deine Sehnsüchte und Wünsche deinen – wirklich! – besten Freunden zu erzählen. Und dann unternehmt was Neues, was Spaß macht.

31 bis 50 Punkte

Ideen, Wünsche und Gedanken hast du im Kopf, aber manchmal fehlt der Mut, sie anzupacken. Dabei hilft es, sich alles aufzuschreiben und einen Plan zu machen. Wenn der erste Plan nicht erfolgversprechend aussieht, mach zusätzliche Pläne. Du kennst das vom Film: Plan A, Plan B, Plan C usw. Je nachdem wie der Hase läuft, ziehst du dann immer die richtige Karte aus dem Ärmel und weißt, was zu tun ist.

51 bis 70 Punkte

Du kannst deine vielen Ideen mit deinen Freunden gemeinsam weiterentwickeln und in Taten umsetzen. Sicher sitzt ihr oft zusammen und heckt Neues aus. Und wenn es darauf ankommt, kann man sich auf dich verlassen.

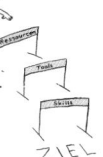

71 bis 92 Punkte

Du weißt deine Ideen in die Realität umzusetzen. Das vermittelt dir das Gefühl, besser zu sein als die anderen. Doch denke daran, das Meiste, was du vor hast, kannst du nur mit anderen gemeinsam erreichen. Lass andere daran teilhaben. Probier einmal das tolle Gefühl aus, für andere etwas zu tun.

Wie packen wir's an?
Lebendiges Projektmanagement

Zu Weihnachten hat Lorenz Obermann eine Wandergitarre ge-schenkt bekommen. Seine Begeisterung darüber hielt sich in Grenzen. Trotzdem schaffte er es bis Ostern, drei Grundakkorde zu schlagen, und dies vor allem laut. Zu Pfingsten überkam ihn die Spitzenidee: Er musste einfach eine Band gründen. Denn wie jeder weiß, kann man damit binnen kürzester Zeit eine steile internationale Karriere machen, Millionen scheffeln und braucht daher nie wieder in die Schule und später ins Büro zu gehen. Der Zeitplan lag klar vor ihm. In den Sommerferien müsste man sich zusammenfinden, etwas für die Musik tun, und im Herbst würde die erste erfolgreiche Tournee starten können.

Als er allen Freunden mit seinen Ideen auf die Nerven gegangen war und man ihn auf seine gesanglichen Stimmbruchqualitäten hingewiesen hatte, äußerte sich Sebastian tröstend: »Mensch Obi, lass dich nicht unterkriegen, denn der Weg ist das Ziel!«

Darauf antwortet der Lorenz: »Das ist mir vollkommen egal, ihr werdet schon sehen, ich nehme mir einfach einen Manager!«

Durch die Welt des Managements in Wirtschaft, Organisa-tionen, Vereinen usw. geistert seit drei Jahrzehnten ein Motto:

138

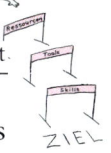

ZIEL

zielorientiertes Management. Mit dem Fachbegriff heißt es »Management by Objectives«.

Entgegen alten Ansichten und Sprichwörtern bedeutet dies, dass alle Tätigkeiten, Maßnahmen und Aktionen immer auf ein bestimmtes Ziel ausgerichtet werden müssen. Nicht der Weg ist das Ziel, sondern das Ziel bestimmt den oder die möglichen Wege. Zielorientiertes Management ist daher die nützlichste und praktischste Methode bei allen Projekten, aber auch bei allen persönlichen Vorhaben und Zielsetzungen.

Der erste unerlässliche Punkt ist daher immer das Setzen eines konkreten Ziels.

Sei SMART

Situation   Messbarkeit   Attraktivität   Realität   Terminiert

Klingt nicht nur nett, sondern in diesem treffenden Eigenschaftswort verbirgt sich eine Formel für Zielsetzung.

S steht für *Situation.*

Situation bedeutet den Startpunkt, von dem aus ein Ziel gesteckt wird. Zuerst müssen Fakten gesammelt werden, die sagen: Wo stehe/n ich/wir, was können wir, was steht uns zur Verfügung. Fakten gehören dabei nüchtern beschrieben und nicht phantasievoll ausgeschmückt – Schwindeln wäre Selbstbetrug! Ein Grundfehler ist, dass nüchterne Fakten oft sofort zur Verhinderung von Zielen benutzt werden (»Da brauchen wir gar nicht erst anfangen«, »Das funktioniert sowieso nicht«, »Da reicht das Geld nicht« ...).

M steht für *Messbarkeit.*

Ein Ziel darf nicht in Allgemeinplätzen beschrieben werden. Also nicht einfach »Ich möchte reich werden«, sondern – in einer Zahl ausgedrückt – »Ich möchte über 500 Euro verfügen«. Auch Schlagworte wie stärker, schneller, besser, höher sind viel zu unbestimmt. Sie müssten in jedem Fall als messbare Größen als Ziel oder Teil eines Ziels genannt werden.

A steht für *attraktiv.*

Da braucht es nicht viel Erklärung. Wenn ein Ziel nicht attraktiv ist, nicht herausfordert und anspornt, dann wird es auch so gut wie nie erreicht oder nie in Angriff genommen.

R steht für *realistisch.*

Ziele müssen nicht nur konkret, sondern auch realistisch erreichbar sein. Selbstverständlich haben wir nichts gegen Träumereien, Phantasiegebilde und Utopien. Im Gegenteil, es ist unerlässlich, dass solche entwickelt werden, denn sie sind die Grundlage unserer Kultur und jeder Unternehmung. Die Fähigkeit, Visionen zu haben und kreativ zu sein, sind also sehr wichtig, aber in einem Projekt auf Wunder und Erscheinungen zu hoffen, wäre falsch.

T steht für *terminiert.*

Ziele dürfen nicht auf »irgendwann« gesetzt werden. Sie brauchen eine Zielzeit, die dem Projekt oder Vorhaben angemessen ist. Zu kurze Termine führen zu Misserfolg, zu lang gesteckte

Ziele mindern die Leistungsbereitschaft und den Einsatz, sie verschleppen sich.

Alle diese fünf Punkte beeinflussen sich gegenseitig, müssen daher aufeinander abgestimmt werden. Es hätte keinen Sinn, einen Punkt allein als Zielfaktor zu sehen.

Sicher wird man als Erstes das Endziel nach allen obigen Regeln festlegen, danach wird man sich für den Weg dorthin Teilziele stecken, so genannte Etappenziele.

Zurück zu Lorenz Obermann ...
Der lässt nicht locker und findet im entfernten Verwandtenkreis tatsächlich einen Mann aus der Musikbranche, der in der Marketing-Abteilung eines Plattenkonzerns arbeitet. Er hört sich Lorenz' krause Vorstellungen vom Pop-Geschäft geduldig an. Dann meint er trocken: »Ihr seid jetzt 12 Jahre alt. Eine Teenie-Band stellen wir erfahrungsgemäß mit 14 oder 15 auf den Markt. Da habt ihr noch drei Jahre Zeit, die ihr nützen solltet. Könnt ihr tanzen?« Lorenz versteht vorerst einmal die Welt nicht mehr.

① Zielsetzung

Der lange, steinige Weg

Viele Wege führen zum Ziel oder alle Wege führen nach Rom, heißt es im Volksmund. Im Management gibt es nach der Zielsetzung (Z) die Planungsphase (P), in der über die möglichen Wege zum Ziel nachgedacht wird. Das »Gehen von Wegen«,

141 ② Planungsphase

das Setzen von Aktivitäten und Maßnahmen bedeutet Aufwand, Mittel und Energien. Wichtig ist es dabei, zwischen drei Grundbegriffen zu unterscheiden:

● Ressourcen · *Quellen   Referenzerfahrung*

sind Quellen, aus denen geschöpft werden kann, zum Beispiel vorhandenes Geld, Rohstoffe, Energien wie elektrischer Strom, Heizöl usw. Auch menschliche Arbeitskraft, sowohl körperliche als auch geistige, wird zu den Ressourcen gezählt. Das Fachwort dafür heißt »Manpower«. Für eine Pop-Gruppe bedeutet das Strom, Raum, Musiker, Sänger und Mitarbeiter und Geld, um das Projekt vorzufinanzieren.

● Tools · *Werkzeuge, Hilfsmittel*

bedeutet Werkzeuge: Vom Hammer bis zum Computer, vom Fahrrad bis zum LKW, vom Bleistift bis zum Handy, das alles sind Werkzeuge, die uns bei der Arbeit helfen. Für eine Pop-Gruppe sind es Musikinstrumente, Verstärker, Kostüme und Licht.

● Skills · *know - how*

nennt man Fähigkeiten, Kenntnisse und Fertigkeiten, auch Know-How. Denn Werkzeuge sind wertlos, wenn niemand versteht, damit richtig umzugehen. Für eine Pop-Gruppe heißt das, dass Gitarristen, Keyborder etc. ihre Instrumente beherrschen müssen, dass alle Sänger Noten und Rhythmen auch in Stimme umsetzen können und dass die ganze Büh-

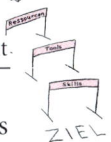

nenmannschaft eine gute Performance beherrscht. Dieses nicht nur solistisch, sondern aufeinander abgestimmt im Team.

Es liegt in der Natur jedes Vorhabens, dass nicht alle drei Komponenten zu jeder Zeit und unbegrenzt zur Verfügung stehen. Und wenn, wäre es wirtschaftlich falsch, da in der Regel nicht alles zur selben Zeit gebraucht wird. Als Band braucht man die Laserlichtorgel nicht für den Übungsraum und auch nicht zu Beginn der Probenarbeiten. Genauso müssen nicht alle Arbeitsschritte gleichzeitig ausgeführt werden, sondern es gibt eine logische Abfolge, was hintereinander oder auch nebeneinander passieren muss. Ein Bäcker kann erst Brötchen backen, wenn der Teig zubereitet ist, aber während des Backens kann er z.B. die Backstube aufräumen und sauber machen. Die Pop-Gruppe muss für ihre Auftritte zuerst intensiv proben und üben, aber Werbung und Marketing müssen parallel dazu geschehen. ③ Entscheidungsphase Je aufwendiger und komplexer ein Projekt ist, desto mehr mögliche Wege zum Ziel sind denkbar und können geplant werden. In der nächsten Entscheidungsphase (E) ist dann festzulegen, welcher Weg wirklich eingeschlagen wird. Auch dabei gehen alle Überlegungen vom Ziel aus. Es ist nicht immer gesagt, dass es besser ist, wenn man ein Ziel vor dem gesteckten Termin erreicht. Gerade im Musikgeschäft gibt es klassische Beispiele für Misserfolg, weil die Interpreten zu früh auf den Markt gekommen sind.

143

Wesentliche Überlegungen bei der Entscheidung sind die Kosten, die Risikofaktoren und die Frage nach der Sicherheit von Arbeitsschritten. Erfahrene Manager bauen in jeden Arbeitsvorgang stille Reserven zur Sicherheit ein, um damit unvorhergesehene Zwischenfälle ausgleichen zu können. Dann entsteht aus einem Projekt-Management sehr rasch ein Krisen-Management.

④ Realisierungsphase

Nach der Entscheidung über die Planung folgt die Realisierungsphase (R), das Geplante wird also konkret durchgeführt.

Daraus ergibt sich die ZPERK-Formel.

ZPERK ist ein Codewort des Managements und bedeutet also folgenden sich immer wieder schließenden Arbeitskreis:

- Z für Zielsetzung
- P für Planung
- E für Entscheidung
- R für Realisierung
- K für Kontrolle

Der Arbeitsschritt Kontrolle, der in der Praxis gerne übersehen und vergessen wird, ist genauso wichtig wie die vorhergehenden. Wenn ein Ziel erreicht ist oder die Zielzeit abgelaufen ist, muss sich ein Team, zusammensetzen und folgende Fragen klar beantworten: Sind wir am Ziel? Liegen wir unter oder über dem Ziel? Was sind die Ursachen dafür?

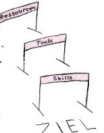

Wie können wir sicherstellen, dass uns solche Fehler nicht mehr passieren?

Bei diesem Kontrollschritt sollen eventuelle Pannen, Fehler und Schwierigkeiten jedoch nicht zu gegenseitigen Schuldzuweisungen führen. Die Kontrollphase ist eine nüchterne Bestandsaufnahme. Und sie führt zu neuen Beschlüssen, was anzustreben ist, das heißt zu einer neuen Zielsetzung. Somit ist ein Regelkreis entstanden, denn nach K (Kontrolle) folgt wieder Z (Zielsetzung).

⑤ Kontrollphase

Zurück zu Lorenz ...

Herr Obermann hat im Keller des Wohnhauses jenen Raum zur Verfügung gestellt, in dem er sich eine Sauna einrichten wollte, mit der Auflage, diesen vor der ersten Probe schalldicht zu machen. Das kostete die zukünftige Band zwei Wochen harte Arbeit, die noch gar nichts mit Musik zu tun hatte, und eine Menge Taschengeld. Dann zogen sie mit Pauken und Trompeten ein und begannen sofort, sich über musikalische Stil- und Inhaltsfragen zu streiten. Der erneut befragte Berater meinte trocken: »Bevor ihr nicht in der Lage seid, ein simples Wanderlied klangrein wiederzugeben, braucht ihr euch nicht wegen Hip-Hop oder Funk die Köpfe einzuschlagen.«

Der erste öffentliche Auftritt der Obermann-Swingers erfolgte im Frühherbst anlässlich einer Schulfeier. Das Programm schien für die Band ausgereift, aber der Applaus hielt sich in Grenzen. Der Berater hatte sich die Darbietung natürlich nicht entgehen lassen und schlug in einem nachfolgenden Auswertungsgespräch

145

der Obermannschen Band vor, sich für die Probenarbeiten einen
Kassetten-Recorder zuzulegen.

*»Ich weiß, dass wir noch nicht ganz astrein singen«, gab Lorenz
Obermann unumwunden zu und bekam dafür von Anette einen
Tritt gegen das Schienbein. »Große Künstler kommen nur durch
Leiden zum Erfolg«, meinte Sebastian dazu.*

Ob aus den Obermann-Swingers demnächst eine erfolgreiche Frontstreet-Band wird, ob aus ihnen eines Tages Archi-
tekten, Biobauern, Geschäftsführer, Ministerinnen oder
Astronauten werden, das überlassen wir vorerst einmal dem
Leben. Und unser Leben besteht aus Wünschen, Sehnsüch-
ten, Träumen, auch Visionen. Das sind nicht bloß Phantasien,
sondern das sind die wirklichen Antriebe unseres Lebens.
Daher sind sie zu pflegen und zu lieben und hochzuhalten.
Niemand darf sie uns vermiesen. »Geht nicht gibt's nicht« ist
eine der wichtigsten Regeln im Management. Aber wie und
wo und wann und wohin es geht, das müssen wir selber entscheiden. Mit Engagement – also Fleiß und Begeisterung –,
mit Mut und Energie und Selbstvertrauen. Management
allein kann uns nicht weiterbringen, aber ohne Management
werden wir wahrscheinlich nur wenig von dem erreichen,
was wir uns wünschen.

Wir müssen uns immer wieder konkret Ziele setzen, wir werden immer wieder zu planen haben, zu entscheiden, zu reali-
sieren und zu kontrollieren. Nicht nur im Beruf, auch in
unserem privaten Leben, in der Familie. Denn wir sind

146

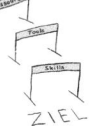

verantwortlich für uns selbst und immer mehr auch für andere Menschen.

Die beiden Formeln SMART und ZPERK können uns dabei helfen.

Allerdings gibt es im Leben auch Dinge, die anders laufen, die man nicht methodisch angehen soll, die man einfach genießen und auskosten muss. Aber das ist eine andere Geschichte ...

Management – woher kommt das eigentlich?

Auch die Worte Manager und Management kommen anscheinend aus dem Englischen, haben aber viel ältere Wurzeln: im Lateinischen. »Manus« heißt Hand. Und das steckt auch in vielen anderen Worten drinnen, zum Beispiel in Manuskript, der handgeschriebene Text, Manufaktur, ein altes Wort für Handwerksbetrieb, oder Manipulation, das Wort, das eigentlich nur Handhabung bedeutet. Erst im 20. Jahrhundert wurde das Wort ein allgemeiner Begriff für hinterhältige Beeinflussung von Menschen.

Das Wort »manus« bekam auch im römischen Militärwesen eine besondere Bedeutung, über die Formulierung mani plere, was so viel wie »eine Hand voll« bedeutet. Nämlich eine Hand voll Soldaten – die berühmten Legionäre, und das waren zehn Mann, die kleinste Einheit einer römischen Legion, die daher auch den Namen Manipel bekam. Ist in jedem Asterixheft nachzulesen.

»To manage« im Englischen bedeutet schlicht und einfach etwas tun, etwas betreiben. Und zwar konkret, praktisch und »mit den Händen«. Management ist daher keine theoretische und akademische Wissenschaft oder Kunst, Management ist immer etwas Aktives, etwas Veränderndes und Bewegendes.

Der Berufsstand des Managers entwickelte sich in Amerika beim Bau der großen Eisenbahnen im 19. Jahrhundert. Viele Westernstories und Westernfilme erzählen davon, wie quer über den amerikanischen Kontinent die berühmten Eisen-

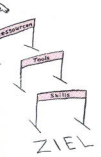

bahnlinien der Union Pazific und Canadian Pazific gebaut wurden. Die Bauherren dieser gewaltigen Unternehmungen waren reiche Männer, die so genannten Eisenbahnmagnaten. Die konnten sich natürlich neben den Börsengeschäften nicht mit den Problemen der Bauleitung beschäftigen. Dafür setzten sie nicht nur Ingenieure, sondern auch bevollmächtigte Bau- und Unternehmensleiter ein. Die trugen damals schon den offiziellen Namen Manager.

Klassisch gesehen sind Manager also keineswegs Unternehmer im Sinne von Besitzern, sie sind beauftragte Geschäftsführer. Der Generaldirektor einer Aktiengesellschaft ist meist auch nur ein Angestellter, die Unternehmer sind die Aktienbesitzer. Es gibt heutzutage zwar auch Fälle, wo einzelne Manager die Firma auch gleich persönlich gekauft haben. Aber das ist eher selten.

Der Begriff und Beruf Manager kam noch über eine andere Schiene zu uns: über den Sport und über die Kunst. So um den Beginn des 20. Jahrhunderts herum hatte sich ein Berufssport herausgebildet, bei dem besonders viel Geld zu verdienen war – das Profiboxen. Und jeder Boxweltmeister oder der, der es werden wollte, brauchte einen Manager, der für ihn das Honorar aushandelte, der seine Karriere steuerte und sich um alles Geschäftliche und Veranstaltungstechnische kümmerte. Übrigens heißt der Trainer von Sportlern, die gemanagt werden, Coach, ein Begriff, den du selbstverständlich kennst. »Coaching« ist im Management heute eine eigene Methode der Hilfestellung für leitende

149

Angestellte. Da sieht man, wie stark der Sport die Wirtschaft beeinflusst hat.

Alle Berufssportler haben heute Manager, manchmal sogar ganze Managementbüros. Und was die Sportwelt brauchte und braucht, das braucht die Kunst und Kultur natürlich auch. So wie die Boxweltmeister durch die großen Städte reisen, so ziehen auch die großen Sänger, Schauspielerinnen, Tänzer und Tänzerinnen von Bühne zu Bühne um die Welt, um ihre Künste zu zeigen. Auch sie brauchen Manager, die sich um alles Praktische kümmern, damit die Stars genügend Zeit und Ruhe haben, um zu üben. In der Welt der Künstler nennt man den oder die Manager auch oft AgentIn, oder Agentur, wenn es ein Büro ist, von dem aus mehrere Künstler, Bands, Orchester usw. betreut werden. In der internationalen Popbranche wird das Management der Spitzenbands und der Popstars nicht nur von einzelnen Menschen oder kleinen Agenturen, sondern tatsächlich von großen Firmen erledigt. Die Begriffe Manager und Management haben daher nicht ausschließlich etwas mit Industrie, Handel und Geldwesen zu tun. Sie sind auch das A und O für jeden Kulturschaffenden. Wer also Schauspieler, Popstar, Malerin, Bildhauer oder Volksmusikantin werden will, ist gut beraten, sich mit der Welt des Managements vertraut zu machen. Und wer Manager oder Managerin werden will, findet im Bereich des so genannten Kulturmanagements ungeheuer spannende und interessante Betätigungsfelder.